만화 **맹자**, 인(仁) 의(義)로 세상을 지배하라

맹자,
인仁 의義로
세상을
지배하라

글·그림 조득필

매일경제신문사

머리말

우리가 알고 있는 유교는 공자와 맹자에서 유래되었다. 그래서 다른 이름으로 공맹학(孔孟學)이라고 부르기도 한다.

우리는 흔히 《사서삼경(四書三經)》을 고전의 필독서로 얘기하곤 한다. 여기에서 사서라 함은 논어(論語), 맹자(孟子), 대학(大學), 중용(中庸)이고, 삼경은 시경(詩經), 서경(書經), 역경(易經)을 말한다.

이런 고전을 좀 더 쉽고 재미있게 볼 수 있도록 하기 위해 만화로 작품을 기획하면서 많은 생각과 고민, 그리고 말할 수 없는 부담감으로 선뜻 실행에 옮기지 못했었다.

그러나 누군가는 해야 할 일이라고 판단했고, 그렇다면 부족하지만 길을 만들어야겠다는 생각으로 시작하게 된 것이다. 그러면서도 고전의 내용을 만화라는 형식으로 표현하되, 원작을 훼손하지 않겠다고 다짐했다. 어렵게 시작된 고전의 만화화 작업은 쉽지만은 않았다. 하지만 일반적으로 고전을 무겁고 진부한 내용으로만 생각하는 독자들에게 조금이라도 도움이 되었으면 하는 바람뿐이다.

맹자는 공자의 가르침을 바르게 계승하여 세상에 널리 전파한 사람이다. 이번 책《맹자》를 통해 인과 덕(德), 의(義)와 도(道)를 자연스럽게 알게 되고 배우게 될 것이다.

이 책의 주옥같은 내용은 몇 천 년을 거슬러 내려오고 있는 불후의 명작이라는 건 우리 모두가 잘 알고 있는 사실이다.

　《만화 맹자, 인(仁)의 의(義)로 세상을 지배하라》의 내용은 대부분 정치적인 내용으로 인과 의로 왕도 정치를 실행하라는 것이다. 그러나 필자가 생각건대 이 책은 오로지 통치자만을 위한 정치입문서라기보다는 생활 속에서 실천해야 할 사항들이 주를 이루고 있다고 본다.
　각자 자신이 인(仁)으로 덕을 베풀고, 의(義)로 모든 일을 바르게 한다면 누구에게서나 인정받는 사회인이 될 수 있을 것이다.
　만약 행동으로 실행하지 못한다 하더라도, 그렇게 해보고자 하는 마음이라도 갖게 된다면 그것으로 충분한 성과라고 할 수 있겠다. 독자 여러분이 이 책을 통해 내 자신을 되돌아보고 미래를 위한 인생의 지침서로 여기고 지혜롭게 세상을 살아갈 수 있는 밑거름이 된다면 필자는 더 바랄게 없을 것이다.
　다만 아쉬운 것이 있다면, 이 책의 내용 전체를 만화화시키지 못한 점이다. 또한 지면의 한계로 필자가 임의로 내용을 선택하여 만화로 구성한 점에 대해 독자여러분의 너그러운 이해를 부탁한다. 아울러 원문을 최대한 훼손하지 않기 위해 딱딱하고 부자연스러운 한문번역어투를 거의 그대로 사용할 수밖에 없었음을 양해 바란다.

조득필

※ 차례 ※

머리말 … 4

양혜왕(上) 梁惠王
이익보다 의(義) … 10
즐거움은 백성과 함께 … 14
어진 정치가 아닌 한, 오십보 백보 … 18
사람 잡는 정치 … 26
어진 사람에게는 적이 없다 … 29
천하통일의 승자 … 33

양혜왕(下) 梁惠王
백성과 함께하는 즐거움 … 38
제나라 선왕의 동산 … 44
유련황망 … 47
재물과 여색을 탐하니 … 55
엉뚱한 말 … 61
인재는 백성의 안에서 … 63
폭군은 임금일 수 없다 … 67
연(燕)나라 백성의 뜻대로 … 70
제후들의 제압책 … 74
하늘의 뜻 … 80

공손추(上) 公孫丑
관중과 안자의 도에 대해 … 88
호연지기 … 95
사람에게 네가지 선이 있다 … 109
공자와 자로 … 115

공손추(下) 公孫丑

- 노잣돈과 뇌물 … 120
- 정치가의 의식 … 124
- 옛날의 군자와 오늘날의 군자 … 128

등문공 滕文公

- 올바른 부름에 움직여야 한다 … 134
- 참다운 대장부 … 143

이루 離婁

- 자신을 돌이켜 생각하라 … 150
- 원인은 안에서부터 … 153
- 공자의 물 찬미 … 157
- 스승과 제자의 관계 … 160
- 아내와 첩까지 속인 허세 … 166

만장장구 萬章章句

- 순임금에게 배우다 … 172
- 군주가 군자를 양성하는 방법 … 178
- 옛 사람을 벗으로 삼다 … 185
- 친척인 경과 타인인 경의 차이 … 188

고자장구 告子章句

- 인간의 본성 … 192
- 대인과 소인 … 196
- 배고픔과 예 … 199
- 선을 좋아하는 사람 … 204

진심 盡心

- 하늘을 섬기는 길 … 210
- 바른 천명 … 213
- 자족의 삶 … 214
- 군자의 즐거움 … 217
- 선비의 길 … 218
- 천하와 부모 … 220
- 예의 형식 … 222
- 교육의 다섯가지 … 222
- 과불급의 문제 … 223
- 군자가 해야 하는 일 … 223
- 정벌은 바로잡는 것이다 … 224
- 모든 것을 다 가르칠 수 없다 … 227
- 살인은 살인을 낳는다 … 228
- 도의 실행 … 228
- 선과 신 … 229
- 불고기와 대추 … 232

맹자의 출생과 사상

- 맹자의 출생 … 237
- 맹자의 사상 … 238

양혜왕(상) 梁惠王

양혜왕(梁惠王)은 양땅의 혜왕을 말한다. 양땅은 진(晉)을 삼등분해서 세운 세개의 나라(한,위,조) 중 하나이다. 위(魏)나라의 수도는 대량(大樑), 지금의 개봉(開封)이다.

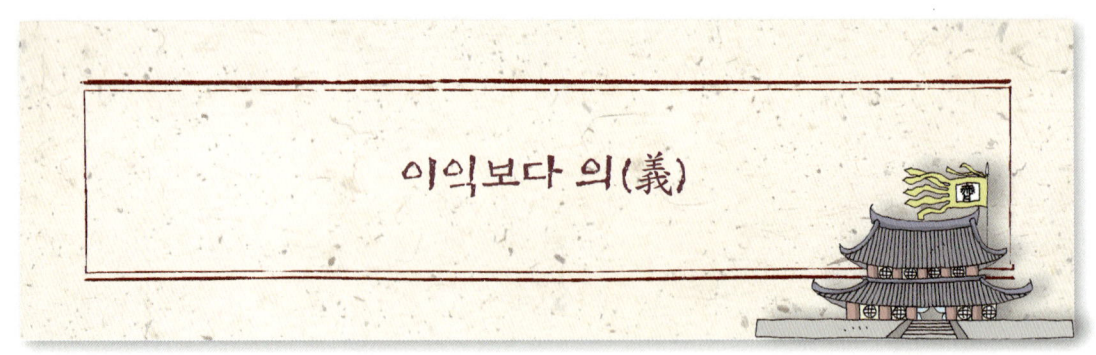

이익보다 의(義)

🔖 이해 돋보기 🔖

① 승(乘)은 전투용 수레(兵車)를 세는 단위이다. 옛날에 수레가 최고의 첨단 병거로 그 나라의 부를 나타내는 지표였다. 《전국책(戰國策)》에 따르면 전국 말기의 제후국들 간의 세력 판도는 만승의 병거를 확보한 나라(萬乘之國)가 일곱, 천승의 병거를 동원할수 있는 나라(千乘之國)가 다섯이었다고 한다.

🔖 내용속 교훈 🔖

인의를 먼저 생각해야지, 눈앞의 이익만을 앞세우면 큰 사람이 될 수 없다.

🔖 해설 🔖

맹자가 살았던 전국시대는 혈연적 결속에 기초한 주나라의 종법적 봉건제도가 붕괴되면서 천자와 제후의 관계가 급속하게 분열되었다. 이 같은 상황에서 벗어나고자 '부국강병의 추구'라는 현실적인 문제에 직면한 나라에 많은 이론가들이 자신의 이념과 정책을 인정하고 정치적으로 응용해 사용해 줄 제후들을 찾아 다니고 있었다. 이 시기에 맹자는 정치가이자 이론가로서 두드러진 명성을 지닌 인물이었다.
공자로부터 시작된 유학이 지향하는 정치의 기본적인 요체는 어진 정치 즉, 덕치(德治)였다. 또한 그것을 통치자가 도덕적인 인격을 갖추고 모범이 되어 백성을 덕으로 교화하는 것이었다. 맹자 역시 이런 유학적 입장에서 당시의 이익 추구만 하는 풍조에 일침을 가한 것이다. 그러나 이익보다 인의의 도덕원칙을 강조한 맹자에게 돌아온 반응은 한마디로 "참 좋은 말씀이기 하지만 현실보다는 이상론입니다"라는 것이었다. 이 시대를 살아가는 우리에게 맹자의 정치적 사상인 인의의 덕치를 갈망하는 것은 현실론 보다는 이상론이기 때문일까? 지금부터 맹자의 인의 중심의 여행을 함께 떠나보자.

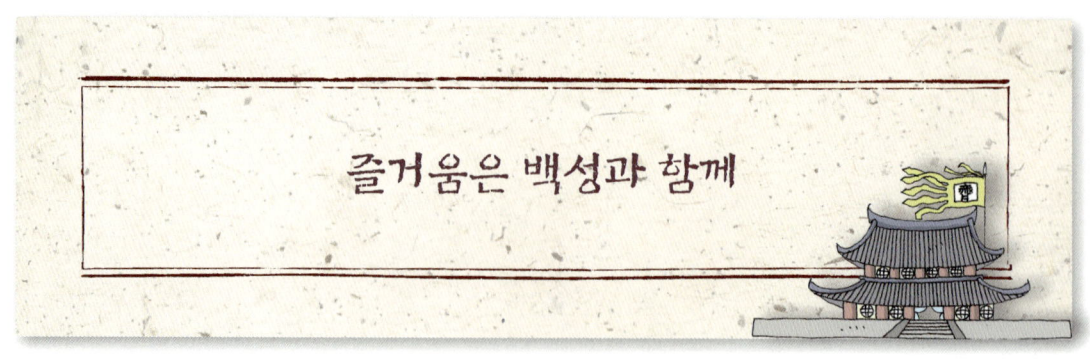

즐거움은 백성과 함께

🔖 이해 돋보기 🔖

① 영대(靈臺) : 신성한 곳, 은 왕이 머물던 누대.
② 탕서(湯誓)는 서경(書經)의 편명으로 은(慇)나라 탕왕(湯王)이 하(夏)나라 마지막 왕인 폭군 걸(桀)을 치러 가면서 군사들에게 포고했던 선서문을 말한다.
③ '이 세상이 언제나 없어지려나, 내 너와 함께 망하련다' 하나라 걸왕은 폭정을 일삼아 백성들에게 물질과 정신, 육체에 이르는 고통스런 정치를 펼쳤다. 걸왕은 늘상 하늘의 해에 비유해 하늘의 해가 없어지는 일이 없듯이 자신의 권력도 이 세상에 영원할 것이라고 호언장담했다.

🔖 내용속 교훈 🔖

임금은 백성과 희로애락을 같이 해야 하며, 그것이 진정한 행복임을 깨닫게 한다.

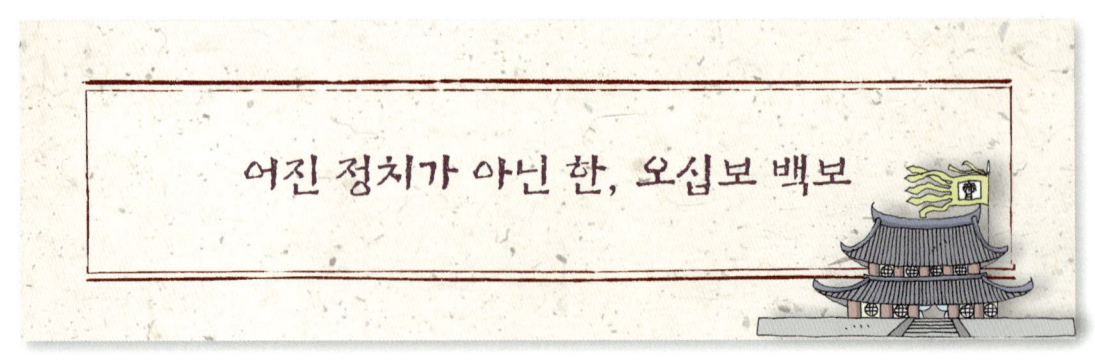

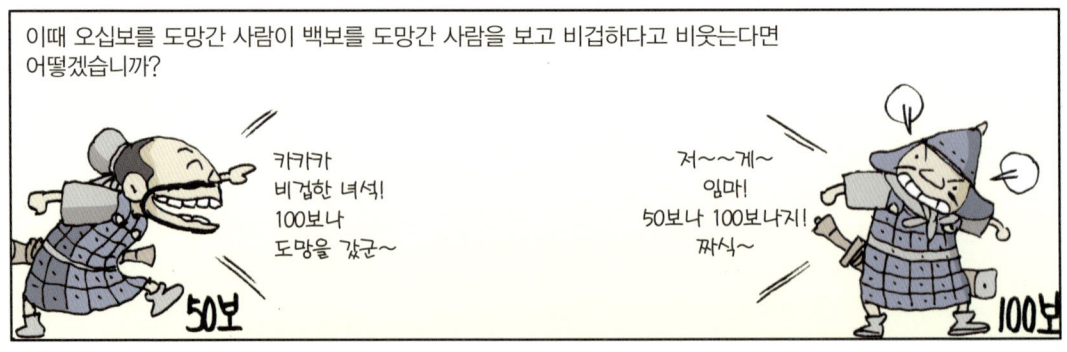

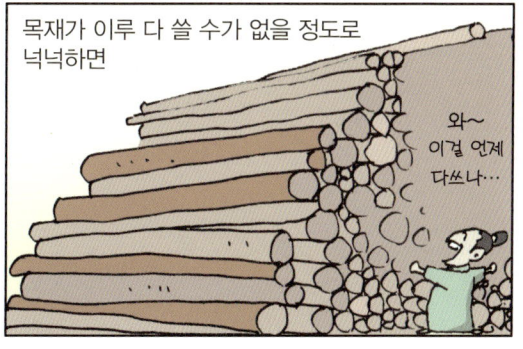

🞐 이해 돋보기 🞐

① 이 문장은 안정적인 생업 활동의 보장과 남획과 남벌의 금지를 근간으로 그 시대의 경제정책을 제시한 내용이다.
② 일상적인 생활의 안정, 살아있는 가족들을 봉양하고 죽은 가족을 장사 지냄에 부족함이 없게 하는 것을 왕도정치의 출발점이라고 역설하고 있다.
③ 무(畝)는 본래 밭의 이랑을 뜻하는 글자인데, 고대에 토지의 넓이를 재는 단위로 쓰였다.
④ 경작지가 아닌 택지에 뽕나무를 심도록하는데는 이유가 있었다. 뽕나무가 드리우는 그늘이 곡물이 자라는데 장애가 되기 때문이다.
⑤ 가축을 기르기 위해서는 적절한 때를 잘 살펴야 한다는 의미이다. 교미 시켜 새끼를 받고, 기르며 도축하는 것과 관련되어 있다.
⑥ 백무의 밭은 한가구의 성인 남자(壯丁)가 배당 받은 사전(私田)으로 $16,500m^2$(5천여 평)에 해당하는 면적이다.
⑦ 상(庠)과 서(序)는 모두 국가에서 지방에 설치한 교육기관이다.
⑧ 검(檢, 단속한다는 의미) 자를 옮긴 것이다. 고대에 '검'은 흔히 렴(斂, 거두어 들인다는 의미)자와 통용되었고, 바로 뒷 문장에 나오는 발(發, 나라의 창고에 저장해 놓은 양곡을 풀어 내는 것)자와 대조를 이루고 있다.
⑨ 이 문장에서는 계절적 조건에 전적으로 의존하는 당시의 열악한 농업 생산력 수준으로서는, 풍년에 곡식을 잘 거두어 들여 비축했다가 흉년에 부족한 곡물공급에 대처하는 수급관리 정책이 생산 정책 못지 않게 중요했음을 알 수 있다.

🞐 내용속 교훈 🞐

백성들이 잘 살고 못 사는 것은 오직 임금에게 달려있음이다.
임금이 모든 책임을 자처했을 때 백성들은 비로소 임금을 따르게 된다.

🞐 해설 🞐

'오십보 백보'라는 말은 우리가 일상생활에서 많이 사용하는 구절이다. 이 내용은 맹자의 풍자와 비판이 유감없이 발휘된 촌철살인(寸鐵殺人)이다. 맹자의 정치적 유형은 왕도(王道)와 패도(覇道)로 분류되는데, 왕이 도덕적인 마음에 의해 백성을 배려하고 위하는 것이 왕도 정치이며, 힘으로 백성을 강제하면서도 도덕적 배려를 하는척 꾸미는 정치를 패도라고 했다. 이러한 관점에서 맹자는 혜왕의 백성에 대한 구휼 정책을 예를 들며, 이웃 나라의 폭압적인 왕의 정치와 본질적으로 다르지 않은 '오십보 백보'의 차이라고 비판하고 있다.

사람 잡는 정치

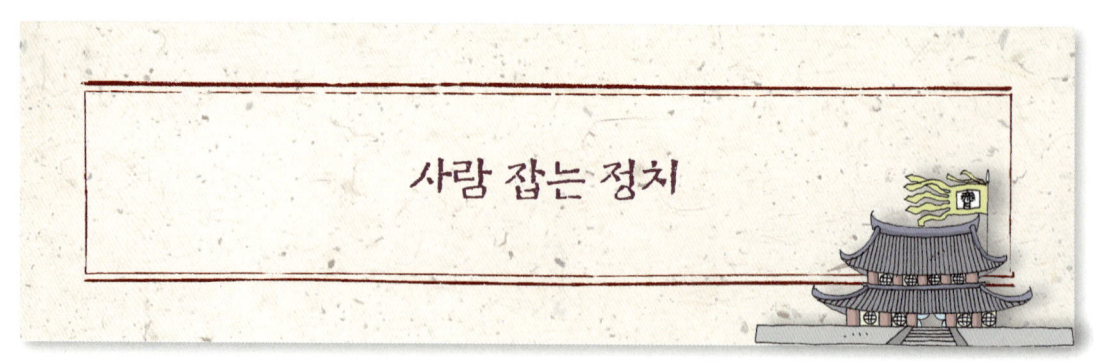

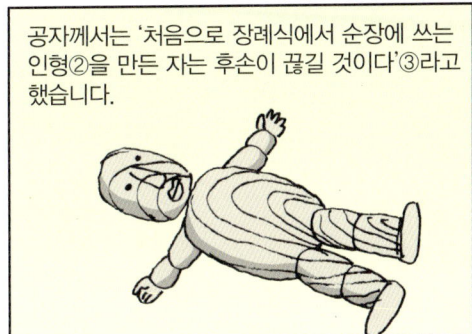

이해 돋보기

① 백성들이 굶어 죽어가는 상황에서 백성들이 먹어야 할 곡식으로 군주의 소와 말을 살찌게 하는 것은 결국 짐승을 시켜 사람을 잡아 먹게 하는 것과 같다는 뜻이다..
② 흙이나 나무로 사람의 형상을 본떠서 만든 인형을 장사 지낼 때 함께 묻는 것을 말한다. 공자가 살던 당시는 산 사람을 묻는 순장의 풍속은 없어지고 인형으로 대신했다. 중국의 서안(西安)에 있는 진시황의 능에서 발견된 대규모의 인형이 그 대표적인 사례이다.
③ 공자는 비록 산 사람이 아니라 사람의 모습을 한 인형이라도 그것을 땅 속에 묻는 것은 인간의 존엄을 무시하는 불인(不仁)한 행위라고 생각했다. 따라서 그 인형을 묻는 풍속을 시작한 사람에 대해 이처럼 저주에 가까운 비난을 한 것이다.

내용속 교훈

인본주의(人本主義) 사상이 돋보이는 내용이다. 가축의 먹이는 주면서도 백성이 굶어 죽도록 방치하는 것은 저주받아 마땅한 임금인 것이다.

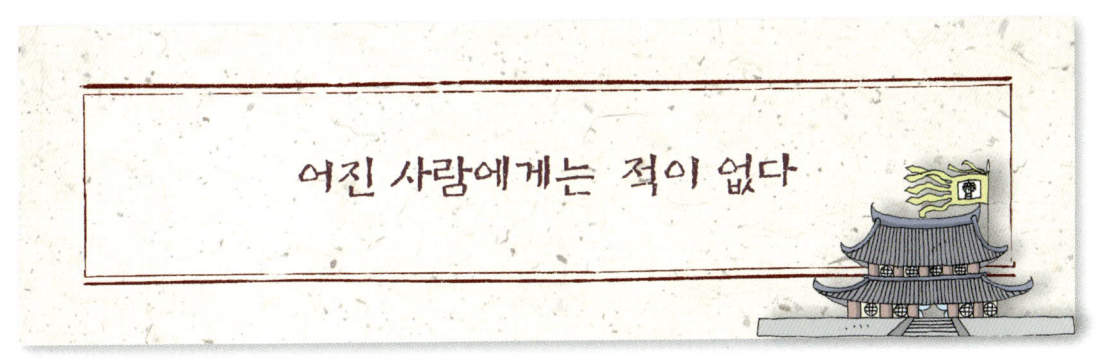

어진 사람에게는 적이 없다

이해 돋보기

① 양혜왕의 위나라는 진(晉)나라의 유력한 세 대부였던 한씨(韓氏), 조씨(趙氏), 위씨(魏氏)가 군주를 내쫓고 각각 셋으로 찢어져 세운 나라 중의 하나였다. 이들 세나라는 모두 진의 전통성을 이어 받은 나라임을 내세우기 위해 자칭 '진'이라고 했다. 양혜왕이 '우리 진나라'라고 한 것은 그런 의미이다.
② 양혜왕 30년에 제나라가 위나라를 침략해 태자 신(申)을 잡아갔는데, 태자는 영원히 돌아오지 못하고 죽었다.
③ 양혜왕 17년, 진나라에 소량(小梁)땅을 빼앗긴 이후 수차에 걸쳐 15개의 성을 빼앗겼다.
④ 양혜왕 18년(기원전 353년) 위나라가 조(趙)나라 수도를 포위했다가 초(楚)나라가 파견한 지원군에 패하고 도리어 위나라 땅을 빼앗긴 사건을 말한다.
⑤ 주나라 문왕이 사방 백리의 작은 영토를 가지고도 어진 정치(仁政)을 베풀어 천하를 다스린 전례가 있었다.

내용속 교훈

인자무적(仁者無敵). 어진 사람에게는 적이 없다.

천하 통일의 승자

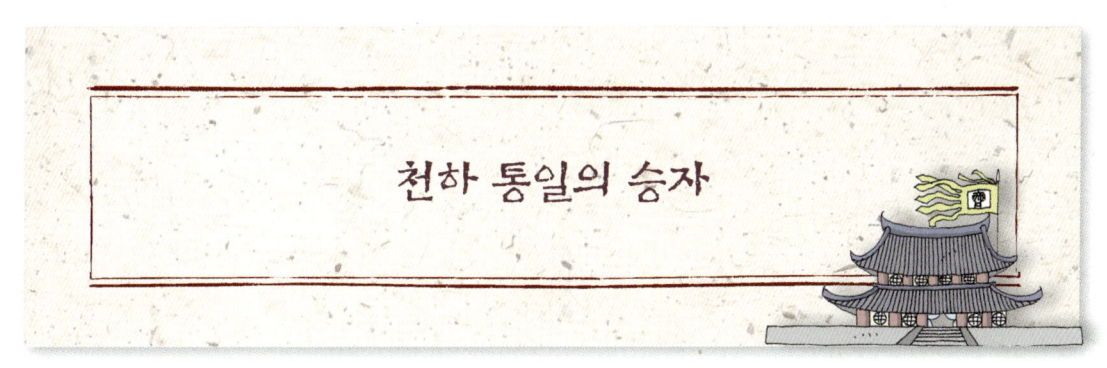

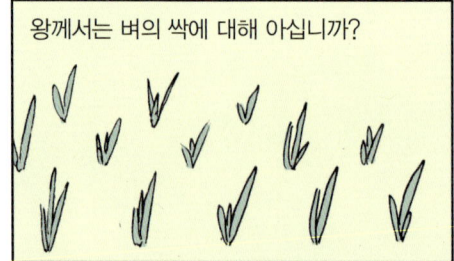

이해 돋보기

① 양양왕(梁襄王)은 양혜왕의 아들로 이름은 혁(赫)이다.

내용 속 교훈

혼란 속의 진정한 승자는 백성의 목숨을 중하게 여기고 백성들을 사랑하는 자이다.

해설

맹자의 인의 정치를 강조하는 내용으로 그 당시 시대적 상황을 충분히 이해할 수 있는 대목이기도 하다. 강자만이 살아남고, 죽이는 자가 곧 강자라는 인식이 팽배했던 군주들의 사고를 읽을 수 있다.

양혜왕(하) 梁惠王

여민동락(與民同樂)

왕이 백성들에게는 견디기 힘든 고통을 주면서 자기혼자만 즐긴다면 백성들이 반발하겠지만, 백성과 즐거움을 함께 한다면 왕이 즐기는 것을 백성도 함께 기뻐할 것이라는 의미를 담고 있다. 여민동락은 항상 백성을 중심으로 하는 통치자의 민본(民本)의 자세를 역설한 내용이다. 여민해락(與民偕樂)도 같은 뜻이다.

백성과 함께하는 즐거움

제나라의 신하 장포(莊暴)가 맹자를 만나 말했다.

제가 왕을 뵈었을 때 왕께서 말씀하시기를…

음악을 좋아 하신다고 하셨지요.

그때 저는 뭐라고 대답할지 몰랐습니다.

📖 이해 돋보기 📖

'백성과 함께하는 즐거움'의 내용을 진행할 때 필자는 잠시 혼란에 빠져 있었다.
첫머리에 '제나라의 신하 장포(莊暴)'라는 내용이 나오긴 해도 어떤 작품에는 양혜왕으로 표기된 곳도 있었기 때문이다. 하지만 최근에 출간한 도올 김용옥이 집필한 《맹자, 사람의 길》 내용에 분명하게 정리되어 있었다. 그래서 그 내용에 따라 표기하였다.

📖 내용속 교훈 📖

즐거움을 백성들과 함께 한다면 통일된 천하의 왕이 될 것이 분명하다.

제나라 선왕의 동산

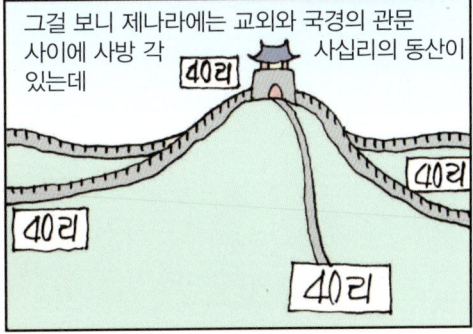

이해 돋보기

① 과거 중국에서 국경을 넘어 다른나라에 들어 갈때에는 그 나라에서 시행하고 있는 중요한 금령이 무엇인지를 물어 보고 들어가는 것이 당시의 예법이었다.

내용속 교훈

왕의 동산이 제아무리 작을 지라도 백성들과 함께 하지 않으면 백성들은 크다고 생각할 것이며, 제아무리 왕의 동산이 클지라도 백성들과 함께 한다면 작다고 생각할 것이다.

유련황망(流連荒亡)
(놀이를 즐기고 주색에 빠지면)

🗙 이해 돋보기 🗙

① 안자(晏子)는 제나라의 현능한 재상이다. 현재 그가 지은 것으로 알려진 '안자춘추(晏子春秋)'가 전해 내려오고 있다.

🗙 내용속 교훈 🗙

유(流) 흐를 유
연(連) 연결할, 잇닿을 연
황(荒) 거칠, 공허할 황
망(亡) 망할 망

노는 재미에 빠져 집에 돌아가지 않고, 사냥이나 주색(酒色)에 빠져 있음을 이르는 말이다. 왕은 항상 귀를 기울여 백성의 소리를 들어야 하며, 욕심을 막아주는 이가 있다면 그것은 임금을 사랑하기 때문임을 알아야 한다.

재물과 여색을 탐하니

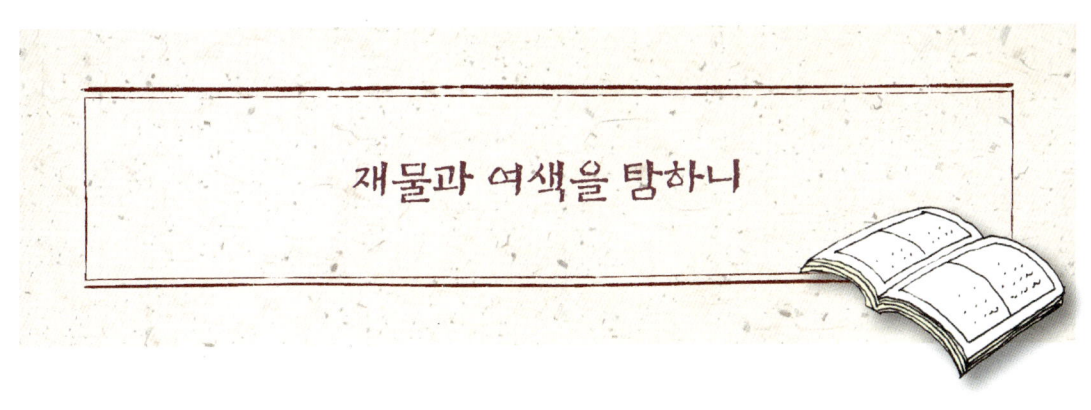

이해 돋보기

① 명당(明堂)은 천자가 제후국을 순방(巡訪)할 때 제후들을 접견하는 장소로 사용하던 건물이다. 여기서 말하는 명당은 태산(泰山)동북 산록에 자리잡고 있던 것으로 당시 전국시대 중엽에 이르러 천자는 실질적으로 권력을 상실하여 제후국 순방의 예도 더 이상 시행되지 않아 명당은 쓸모가 없게 되었다.
② 기(岐)는 문왕이 은나라의 제후인 서백(西伯)으로 있을 때 다스리던 곳이다.
③ 1/9의 세금이란 정전제를 근간으로 한 징세율을 뜻한다. 정전제는 900무의 땅을 우물정(井)자 모양으로 9등분한 후 8가구에게 각기 100무씩 배당하고, 나머지 100무의 땅을 공전(公田)으로 8가구가 공동으로 경작해 그 수확을 모두 국가에 납부한다. 정전제는 맹자가 강조했던 이상적인 토지제도이다.
④ 주(周)나라 태왕(太王)을 가리킨다. 처음에는 '빈'에서 살았으나 적인(狄人)의 침범으로 기산(岐山)밑으로 이동했는데 빈 사람들이 모두 따라와 거기에 세운 나라가 주(周)이다.

내용 속 교훈

인간은 모두가 자기 중심적 욕망이 내재되어 있으므로, 모든 사람이 함께 즐길 수 있는 보편적인 상황일 때 유대감을 갖게 된다.

맹자, 인(仁) 의(義)로 세상을 지배하라

엉뚱한 말

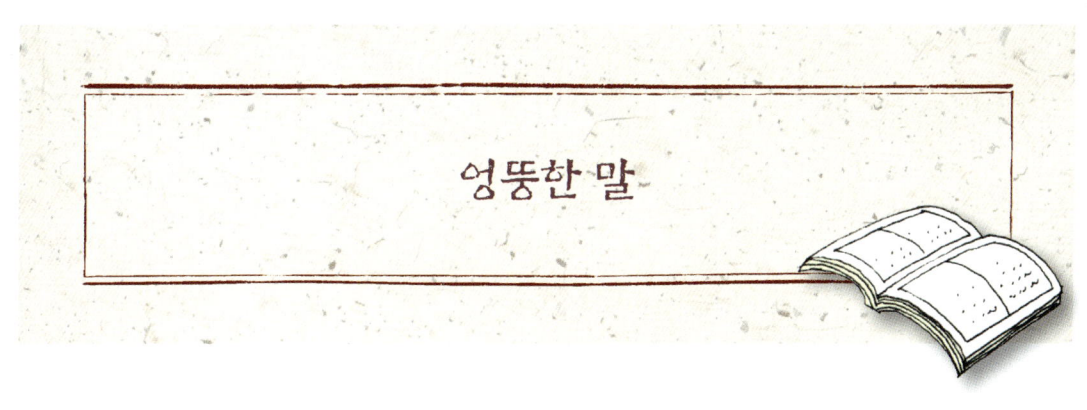

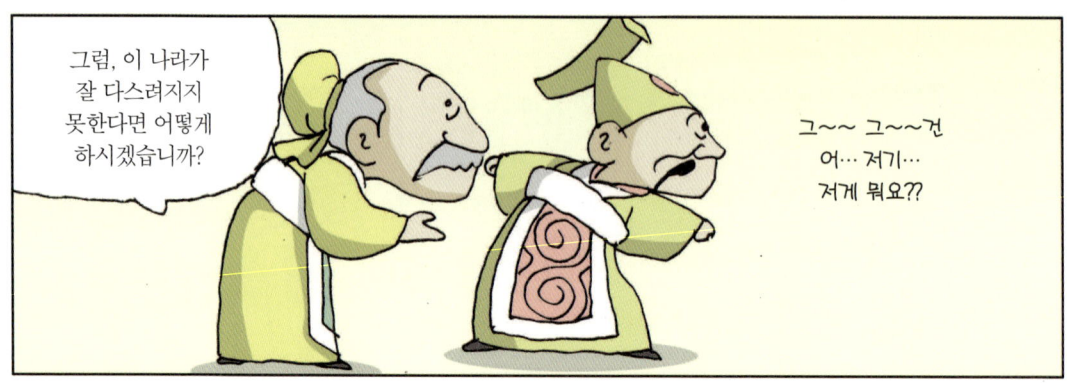

이해 돋보기
① 원문에는 사사(士師)로 되어 있다. 이는 옛날에 형벌을 담당하던 사법관이다.
　제선왕은 앞의 두 가지 질문에 대해서는 자신있게 대답했지만, 마지막 질문에 대해서는 '두리번' 거리면서 딴 소리를 하는 모습을 보인다.

내용속 교훈
아랫사람이 잘못한 경우에는 크게 질책을 하고 그 책임을 묻는데 본인 자신이 잘못했다면 어떻게 할 것인가의 질문에 만화같은 표현으로 얼버무리는 왕의 모습은 많은 것을 시사한다.

인재는 백성의 안에서

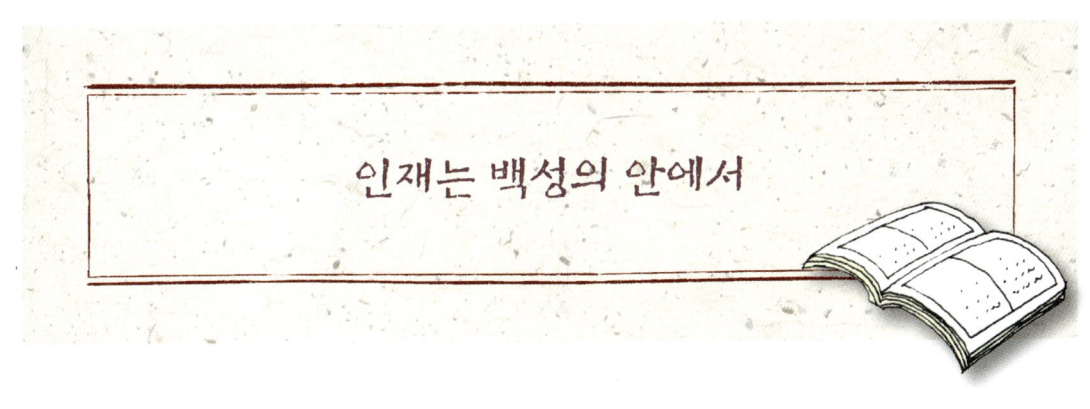

이해 돋보기

① 맹자의 관리 등용과 해임에 대한 언급에서 전국시대의 변화를 확인할 수 있다. 주나라의 전통적인 규범인 신분의 차별화에 대한 전통을 뛰어넘어, 신분의 고하나 군주와의 혈연적 친소를 떠나 능력을 평가해 등용하는 인사를 역설하고 있다. 전국시대에 이르면 이러한 사고는 한층 더 구체화되어, 위에서 말하는 것처럼 어떤 신분이든 그 사람의 재주와 능력을 많은 백성들이 인정하면 관직에 등용할 것을 강조하고 있다.

내용 속 교훈

모든 일에 있어 신중을 기하여 결정해야 한다.
주변의 모든 사람이 옳다고 말하더라도 듣지 말고, 나라의 온 백성이 옳다고 할 때 들어야 한다.
평소 누구의 말을 듣고 많은 일들을 결정하고 있는가를 생각해보는 시간을 가져보자.

폭군은 임금일 수 없다

🖉 이해 돋보기 🖉

① 하(夏)나라의 마지막 왕, 유시씨(有施氏)의 딸 애희(娛喜)에 현혹되어 포악무도한 폭정을 일삼다가 탕왕(湯王)에게 멸망했다.
② 은 나라의 마지막왕 주(紂), 달기를 사랑하여 주색에 빠져 나라는 안중에 없었고, 간언하는 신하를 참형으로 다스리는 학정을 펼치다가 무왕(武王)에 멸망했다.

🖉 내용속 교훈 🖉

걸과 주는 왕이 아니고 적(賊)과 잔(殘)과 같은 사람으로 군주일 수 없다. 따라서 군주를 시해한 것이 아니라 일개 폭력배를 처형했을 뿐이다.

🖉 해설 🖉

제선왕은 탕왕이나 무왕이 그들이 천자로 섬기던 걸왕과 주왕을 몰아낸 것은 '신하의 도리를 저버린 일이 아닌가?'라는 대답을 듣기 위해 질문을 했던 것으로 보인다.
그러나 맹자는 공자의 정명(正名)사상을 빌어 대답하고 있다. '군주는 군주다워야 하고(君君), 자식은 자식 다워야 한다(子子)'라는 내용으로 맹자는 정명사상을 인용하고 있다.
유가에서 말하는 군주다움이란 덕을 지니고 백성을 위한 인(仁)의 정치를 행하는 것이다. 군주다운 군주만이 진정 왕이라고 할 수 있고, 백성을 폭압으로 다스리는 것은 군주다움을 상실한 군주로, 그는 이미 군주가 아니라 한사람의 무도한 사내에 불과하다는 주장이다. 따라서 맹자는 탕왕과 무왕이 쫓아냈거나 죽인 걸왕과 주왕은 군주를 죽인 것이 아니라 인(仁)과 의(義)를 해친 무도한 사내를 처벌한 것이라고 설명하고 있다.

연(燕)나라 백성의 뜻대로

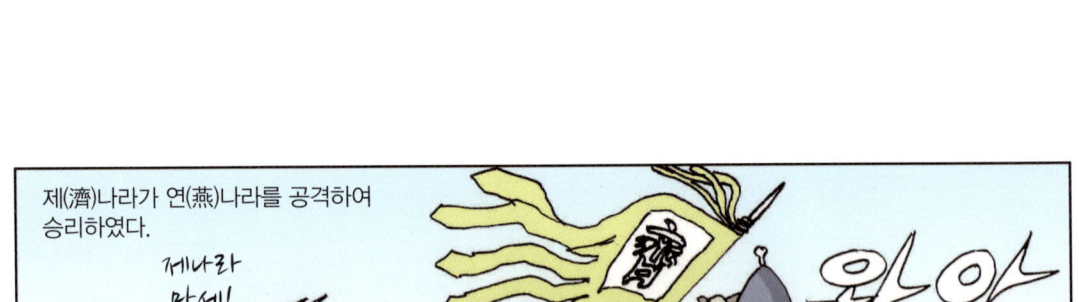

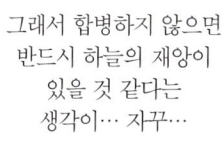

이해 돋보기

① 제나라와 연나라는 나란히 전국시대의 일곱 패권국가에 들어갈 만큼 크게 성장했던 나라들이다. 제선왕은 만승지국(수레 1만대)을 동원할 수 있는 나라와 싸워 50일만에 승부가 난 것은 하늘의 뜻이라고 주장하면서, 이 기회에 연나라를 합병할 자신의 오랜 야욕을 맹자에게 드러낸 것이다.
② '단사(簞食)'는 '참대로 만든 그릇에 담은 밥'이란 뜻이며, '호장(壺漿)'이란 '항아리에 담은 음료'란 뜻으로 술을 의미한다. 다시 말해서 음식을 차려 환영하는 것을 이르는 말이다

내용속 교훈

오직 백성들은 물에 빠지고 불에 데는 고통속에서 벗어나기만을 희망한다. 그러나 그와 같은 희망이 보이지 않는다면 백성들은 다른 나라로 떠나게 될 것이다.

제후들의 제압책

왕께서 빨리 명령을 내려서 연나라의 노인과 어린이들을 돌려 보내고

귀중한 기물 탈취를 중단하게 하고,

연나라 백성들과 상의하여 새 군주를 세운 후 연나라에서 떠난다면,

제후국의 연합군이 일어나는 것을 멈추게 할 수 있을 것입니다.

이해 돋보기
① 쳐들어 오는 적의 군대가 자신들을 고통의 구렁텅이에서 구해줄 것이라는 믿음으로 동요없이 일상의 일에 종사했다는 것이다.

내용속 교훈
힘에 의존하면 또 다른 힘에 의해 멸망하게 된다.

하늘의 뜻

노 평공(平公)이 거동을 하려고 할 때

임금님! 어디를 가십니까?

측근의 장창(藏倉)이란 신하가 물었다.

이해 돋보기

① 맹자의 제자로 악정(樂正)은 성, 이름은 극(克)으로 노(魯)나라에서 벼슬을 하였다.
② 정(鼎)은 고대에 각종 음식을 담은 솥을 말한다. 신분에 따라 음식을 담는 솥의 크기가 달랐는데, 천자는 구정(九鼎) 제후는 칠정(七鼎) 대부는 오정(五鼎) 선비는 삼정(三鼎)이었다.

해설

맹자의 제자였던 악정자가 노나라 임금이었던 평공을 맹자와 만나게 하려 했던 것 같다. 그러나 장창의 반대로 그 만남이 성사되지 않은 것을 안타깝게 생각하며 맹자에게 그 사실을 알린다. 하지만 맹자는 '그 모든 것은 하늘의 뜻'이라며, 악정자에게 개의치 말라고 한다. 즉, 작은 일일지라도 그것은 무엇인가의 큰 흐름 속에 속해 있다는 뜻이다.

지휘관의 죽음에 대해

맹자가 노나라에 오기 전에 주(鄒)나라, 등(藤)나라를 거쳐 들어 온 것으로 내용에는 기록되어 있다.
추나라의 목공(穆公)이 물었다.

목공 노나라와 싸울 때 죽은 우리 지휘관이 33명이나 됩니다. 그런데 징집된 백성들은 그들을 위해 싸우다 죽은 자가 없습니다. 이들을 죽이자니 이루다 죽일 수가 없고, 죽이지 않자니 상관이 죽는걸 보고도 구하지 않은 것이 괘씸합니다. 이를 어쩌면 좋겠습니까?

맹자 흉년이나 기근이 들었던 해에 왕의 백성들 중에 굶주려 도랑에 쓰러져 죽어간 어린아이들과 노인들이 수없이 많았습니다. 그리고 청장년들이 사방으로 흩어져 도망간 사람이 수천 명에 이릅니다. 왕의 창고에는 곡식이 가득 차 있었고, 재물도 가득히 쌓여 있었습니다. 그런데 관리들 중 백성의 딱한 사정을 아뢴 이가 없었습니다. 증자(曾子, 공자의 제자로 이름은 삼參)가 말하기를 '경계하고 또 경계하라. 네게서 나온 것은 네게로 돌아간다'고 하였습니다. 백성들은 이제야 그들이 당한 것을 되돌려 준 것입니다. 왕께서는 그들을 나무라지 마십시오. 왕께서 어진 정치를 행하신다면, 백성들도 윗사람을 친애하고 윗사람을 위해 죽을 각오를 하게 될 것입니다.

이상이 추나라 목공과의 대화 기록이다. 그리고 등나라의 문공(文公)과의 대화 기록도 있으나 여기서는 생략하였다.

공손추(상) 公孫丑

전국시대의 제(齊)나라 사람으로 맹자의 제자, 맹자가 제나라에 갔을 때 입문한 제자로 선생께 질문한 내용들을 기록하였다.

"선생님께서 제나라 요직에 오르신다면 과거 관중(管仲)과 안자의① 공적을 다시 이룩할 수 있겠습니까?"

"참으로 제나라 사람이구나. 제나라 사람이었던 관중과 안자밖에 알지 못하니 말이다."

어떤 사람이 증서(曾西)②에게 묻기를 "그대와 자로(子路)③중 누가 더 현명한가?"했다. 그러자 증서는 펄쩍 뛰면서 말하기를 "그분은 내 부친께서 경외 하신분이다"라고 하니, 또 "그대와 관중 중에서 누가 더 현명한가?"라고 물었다. 순간 증서는 얼굴을 붉히며 노기를 띤 표정으로 "그대는 나를 무엇 때문에 관중과 비교하는가? 관중은 임금의 신임을 얻어 오랫동안 나랏일을 행하였지만 그가 세운 공적은 보잘것이 없다. 그런데 그대는 그런 관중과 나를 왜 비교하는 것인가?"라고 했다.

맹자가 이어서 말했다.

"관중은 증서조차도 비교되길 원치 않은 인물인데, 어찌 그대는 관중과 나를 비교하려 하는 것인가?"

공손추가 물었다.

"관중은 제환공을 패자로 만들었고, 안자는 제경공의 이름을 세상에 드높혔습니다. 그런데도 관중과 안자를 본받기에 부족하단 말씀입니까?"

맹자가 대답하였다.

"제나라와 같이 큰 나라를 가진 왕이 천하의 통일된 나라의 왕이 되는 것은 손바닥을 뒤집는 것처럼 쉬운 일이다."

이어 공손추가 말했다.

"그렇게 말씀하시니 제가 더 혼란스러워 집니다. 문왕은 훌륭한 덕을 백년동안 사시면서 널리 베푸셨지만, 천하에 그 뜻을 교화시키지 못하였습니다. 그러나 무왕과 주공이 그뜻을 이어 받아 힘써 실천한 후에 천하를 크게 교화시킬 수 있었습니다.
그런데 지금 말씀하신 대로 천하의 왕이 되는 것이 그리 쉬운 것이라면, 문왕은 본받을 만한 분이 못된단 것입니까?"

맹자가 대답을 하였다.

"어떻게 문왕같은 분과 비교하느냐!!"

당시의 상황을 보면 탕(湯)왕부터 20대 임금인 무정(武丁)에 이르기까지 어진 성현의 임금이 6, 7명이나 있어 어진정치를 했기에 천하 사람들의 마음이 은(殷)나라로 돌아간지 오래 되었기에 그것이 쉽게 바뀌지 않았던 것이다.
따라서 무정이 제후들의 조공을 받고 천하를 다스리는 것은 손바닥에 놓고 움직이는 것처럼 쉬웠다.

주(紂)왕은 무정과의 시간적 거리가 그리 오래되지 않아서 오랜 가문과 선대가 남긴 기풍과 어진 선정(善政)이 아직도 그대로 남아 있었다. 또 미자(微子), 미중(微仲), 왕자 비간(比干, 사기에 주왕의 친척으로 기록되어 있으나 확실치 않다. 미자, 기자와 함께 은의 삼인(三仁)으로 불린다. 주왕에게 간하며 3일간 그곁에서 떠나지 않다가 피살당한 충신이다)
기자(箕子), 교력(膠鬲) 등은 모두가 현인으로 주왕을 도와준 까닭에 포악한 정치를 하면서도 오랜 시간이 흐른 뒤에야 천하를 잃었던 것이다.

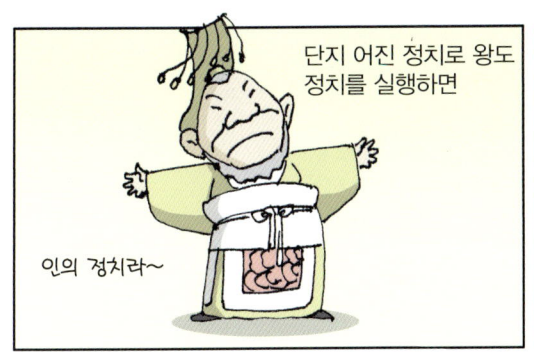

어휘 돋보기

① 관중(管仲)과 안자(晏子)는 춘추시대 제나라의 뛰어난 재상이었다. 관중은 환공(桓公)을 패자가 되도록 도왔고, 안자는 경공(景公)을 보좌하여 나라를 크게 신장시켰다.
② 증서(曾西)는 공자의 제자 증삼(曾參)의 아들이다.
③ 자로(子路)는 공자의 제자로 사람됨이 질박하고 용맹했으며, 스승인 공자를 지극하게 모시고, 가르침을 크게 실천한 인물이다.

내용속 교훈

덕을 행하면 순식간에 그 덕행이 만천하에 알려지게 된다. 그리하면 천하의 주인이 될 수도 있다.

해설

지금까지의 내용을 통해 시국이 몹시 어렵고, 고통받는 백성들의 처지를 볼 수 있다. 인의 정치로 백성들에게 다가 간다면 천하를 얻을 것이라는 맹자의 확신은 매우 강했음을 알 수 있다. 그리하여 맹자는 백성이 원하는 왕도 정치로 나아간다면 손바닥 뒤집기보다 쉽게 천하를 얻을수 있다는 논리를 설파하고 있다.

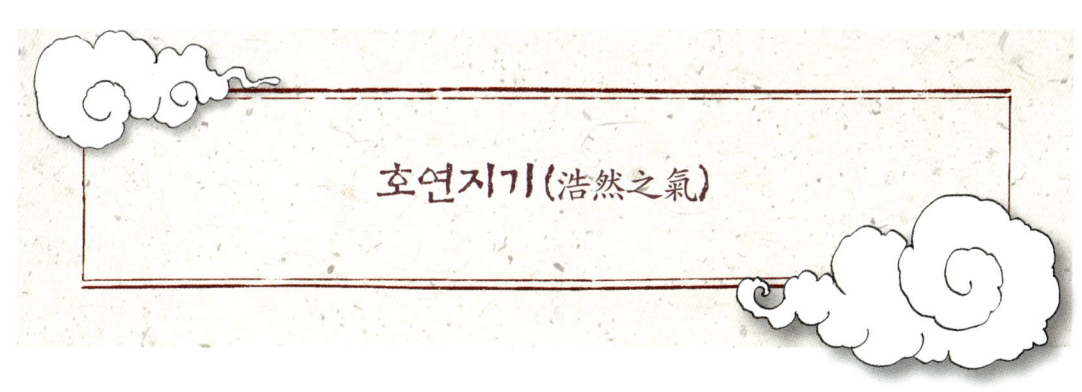

호연지기(浩然之氣)

맹시사(孟施舍)④는 용기를 기르는 방법을 가지고 있었는데, 그의 부동심은 '나는 이길수 없을 것 같은 적군이라도 이길 것처럼 돌진하여 상대한다. 보통 전술에 능한 사람들은 적군의 형편을 가늠해 보고 승패를 예측한 후에 전진하고 진격한다면, 이는 삼군(三軍)⑤과 같은 대군을 만나면 아무리 전략에 능하다 하더라도 어찌 두려움이 없겠는가! 그래서 나는 이런 짓을 싫어한다. 나는 어떤 상황에서든 적을 두려워 하지 않고 필승의 전법으로 죽을 힘을 다 할 뿐이다'라는 말에서 알 수 있다.

내 생각으로는 맹시사의 용기는 증자(曾子)와 비슷하고, 북궁유의 용기는 자하(子夏)에 가깝다. 이 두 사람의 용기 중 어느 것이 나은지 모르겠지만, 맹시사의 용기가 좀 더 요령이 있다.

옛날에 증자께서 제자인 자양(子襄)에게 말하기를 '그대는 용기를 좋아하는가? 나는 언젠가 공자께 큰 용기에 대해 들은 적이 있다. 그것은 스스로를 돌이켜 보아서 옳지 않다면 천한 사람 앞에서도 두려워 떨게 될 것이며, 스스로 돌이켜 보아 옳다면 천군만마의 군대가 쳐들어 와도 나아가 대적할 것이다'라고 했다. 맹시사가 기를 지키는 방법은 증자가 자기 자신을 지키는 방법만큼 요령이 많지 않다.

공손추가 물었다.

"감히 묻건대 선생님의 부동심과
고자의 부동심에 대해
그 차이점이 있다면
말씀해 주실 수 있겠습니까?"

맹자가 말했다.

"고자는 '말에 이해가 가지 않으면 마음으로 구하지 말고, 마음에 이해가 가지 않으면 기(氣)로 구하지 말라.'고 하였다. 자신의 마음에서 편안하지 못한 것이 있더라도 기에서 그것을 해결하려고 하지 말라는 말은 옳지만, 남의 말에서 이해되지 않는 것이 있더라도 자신의 마음에서 그것을 이해하려고 고민하지 말라고 한 말은 옳지 않다. 심지(心志)는 기를 통솔하고, 기는 몸을 가득 채우고 있는 것이다.
심지가 먼저 있고 기는 이를 따라간다. 그러므로 심지를 굳게 지니고 기를 함부로 움직여서는 안된다".

공손추가 물었다.

"선생님께서 '의지가 먼저 있고 기는 그것을 따라간다.'고 하시고서 또 '의지를 굳게 지니며 기를 함부로 움직여서는 안된다'고 하신 것은 무슨 뜻인지요?"

"그 기의 됨됨이가 지극히 강하며, 정직하게 기르고 해치지 않는다면 하늘과 땅 사이를 가득 채우게 된다. 이 기는 도(道)와 의(義)에 배합되는 것으로, 도와 의가 없으면 위축되고 만다. 또 호연지기는 의가 조금씩 모여서 생겨나는 것이지 우연한 경우라든가 돌발적인 정의감에서 비롯되는 것이 아니다. 다시 말하면, 정직하게 자신의 행동을 평가해 보았을때, 모두 의(義)에 합당한 경우 마음에 부끄러움이 없으므로 자연스럽게 호연지기가 충만해지는 것이며, 어쩌다 했던 행동이 우연히 의(義)에 맞다고 호연지기가 생겨나는 것은 아니라는 것이다. 그렇다면 호연지기는 내 마음에 기초하는 것이지, 우연한 외부의 상황에서 비롯된 것이 아니다. 그런 까닭에 나는 고자가 의를 다 알지 못하였다고 하는 것이다. 그는 의가 마음의 밖에 존재하는 것으로 생각하기 때문이다.

사람이란 의를 실천해야 한다는 것을 마음에서 잊어서도 안되지만 억지로 조장해서도 안된다. 예를 들면 송(宋)나라 사람과 같이 해서는 안된다는 것이다.

어떤 송나라 사람이 곡식의 싹이 빨리 자라나지 않는 것을 안타깝게 여겨 밭에 나가 싹을 하나하나 조금씩 뽑아 올려 놓았다. 그가 피로한 기색으로 집으로 돌아와서는 부인에게 자랑스럽게 말했다. '오늘 정말 힘들었다. 내가 밭에 곡식의 싹이 자라는 것을 도와주었다'고 말했다. 그의 아들이 깜짝 놀라 밭으로 달려가보니, 싹은 이미 다 시들어 버리고 말았다. 천하에는 싹이 자라는 것을 돕지 않는 사람이 드물다, 호연지기를 기르는 것이 무익하다고 해서 내버려두는 사람은 김을 매지 않는 것과 같고, 호연지기를 억지로 조장하는 것은 싹을 뽑아 올려 주는 것과 같은 것이다. 조장하는 것은 무익할 뿐아니라 해를 끼치는 사람이다."

공손추가 말했다.

"남의 말을 안다는 지언(知言)은 무슨 말씀입니까?"

맹자가 말했다.

"공정하지 않은 말을 들으면 나는 그 말의 숨겨진 바를 알고, 음란한 말을 들으면 그 사람이 무엇에 빠져 있는가를 알며, 간사한 말을 들으면 그 사람이 정도로 부터 얼마나 멀리 있는가를 알 수 있다. 그리고 둘러대는 말을 들으면 그 사람이 얼마나 궁지에 몰려 있는지를 안다.
이 네가지의 말들은 마음에서 생겨서 정치에 해를 끼치게 되며, 정치를 하는 속에 횡행하면 국가의 대사를 망치게 된다. 성인이 다시 살아 나시더라도 틀림없이 내말이 맞다고 할 것이다."

공손추가 말했다.

"공자의 제자들 중에서 재아(宰我)와 자공(子貢)은 언변이 좋았고, 염우(冉牛), 민자(閔子), 안연(顏淵)은 덕과 행실이 뛰어났습니다. 공자는 양쪽에 다 뛰어났으면서도 '말에는 자신이 없다'고 말씀하셨습니다. 그런데 선생님께서는 사람의 말에 대해서도 잘 아시고 호연지기를 잘 기르셔서 덕행에도 뛰어나시니, 이미 성인이 되신 것 아닙니까?"

그래서 이 세사람이 공자를 평한 말을 살펴보면

공자가 백이와 이윤과의 같은 급의 인물이 아니라는걸 알게 될 것이다.

그렇습니까?

재아가 말하기를,

내가 본 공자는 요임금, 순임금보다 훨씬 뛰어난 인물이다.

자공이 말하기를
 그 예절을 보면 그 나라의 정치를 알 수 있고,
음악을 들으면 그 도덕을 알 수 있다.
그런데 지금부터 백세대 이후에 백세대 동안의
임금들을 비교해 정치를 관찰한다 해도
그들의 정치는 공자가 세운 원칙에서
벗어날 수 없을 것이다. 사람이 생긴 이래로
공자를 따를 사람은 없다.

유약이 말하기를
 우리가 동류(同類)라고 하더라도, 동류 속에 차등이 있는 것은
인간세상에만 국한되는 것은 아니다.
기린은 땅위를 달리는 동물 중에 뛰어난 것이며,
봉황은 하늘을 날으는 새들 중에 뛰어난 것이며,
태산은 산중에서 뛰어난 것이며,
황하나 황해는 그것들 중에서 뛰어난 강과 바다이다.
이것들은 같은 종류 중에서 모두 가장 뛰어나다. 사람에 있어서의 성인도
이와 같은 것이다. 사람이 생겨난 이래로 공자보다 더 위대한 사람은 없다.

이해 돋보기

① 맹분(猛賁) : 전국시대 용사(勇士)로서 살아있는 소의뿔을 뽑은 용맹한 용사였다. 그가 강을 건너면 교룡이 피하고, 육지에서는 호랑이가 피했으며, 노해서 소리를 지르면 하늘도 놀랐다고 전해진다.
② 고자(告子) : 성은 고(告)씨이고, 이름은 불해(不害)로 인간의 본성은 선도 악도 없다는 '성무선무악설(性無善無惡說)'을 주장한 사상가이다.
③ 북궁유(北宮黝) : 북궁이 성이고 유가 이름이라고 전해진다. 그의 구체적인 실체는 알려진바가 없다. 다만 주희는 그가 아마도 자객이었을 것이라고 했다.
④ 맹시사(孟施舍) : 구체적인 행적이나 신분은 알 수 없다. 다만 맹자는 그가 간략한 요령을 지켰다고만 평가하고 있을 뿐이다.
⑤ 삼군(三軍) : 1군은 1만 2,500명이다. 즉, 많은 군사를 뜻하는 표현이다.
⑥ 백이(伯夷) : 주나라 무왕이 은나라를 침공하여 주왕을 토벌하자, 의롭지 못하다고 아우인 숙제와 수양산에 들어가 산 나물만 캐먹다가 죽은 인물이다.
⑦ 이윤(伊尹) : 하나라의 무도한 걸왕을 피해 산골에서 농사를 짓고 살아가다, 은나라 탕왕을 도와 걸왕을 토벌하고 백성들을 걸의 폭정에서 구한 인물이다.

내용속 교훈

호연지기(浩然之氣)

호연(浩然)은 넓고 큰 모습을 형용하는 의태어이다.
그러므로 호연지기(浩然之氣)는 크고 넓게, 즉 왕성하게 뻗친 기운이라는 뜻이다.
그래서 맹자는 흔들리지 않는 굳센 마음을 얻는데 이 호연지기를 기르는 것이 필요하다고 역설한다.
그리고 호연지기는 단순한 육체적 기운이 아니라 의(義)와 도(道)라는 방향성을 가진 기운을 말한다. 또 '올바름'을 지키고 그 떳떳함에서 나오는 육체적인 용기라고도 할 수 있다. 맹자는 '의가 쌓여서' 생기는 것이 '올바름'이라고 표현한다.
따라서 올바름에 대한 내면의 지향성이 지속적으로 발현됨으로써 그 자체로 세력을 형성하여 몸을 통해 몸 밖으로 발산되므로, 이미 정신적인 것만이 아니라 물리적인 힘까지 갖는 것이라는 의미이다.

사람에게 네가지 선이 있다

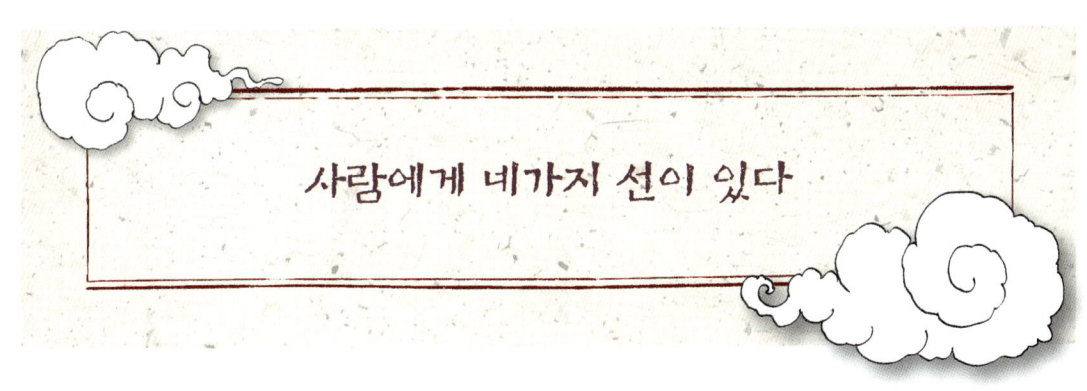

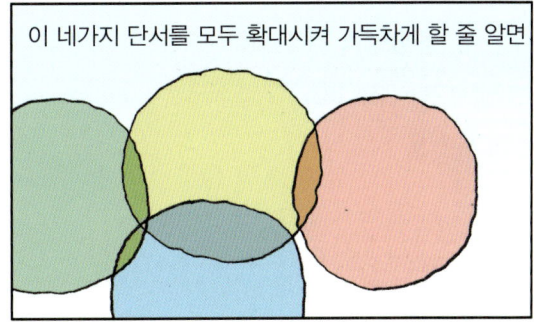

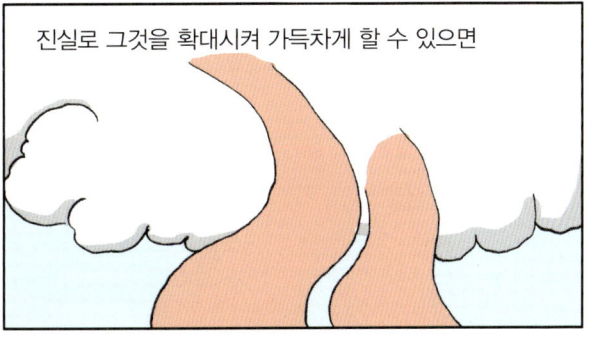

이해 돋보기

① 단(端) : 실마리의 뜻, 즉, 단서라고 이해하면 된다.

내용 속 교훈

측은지심(惻隱之心)
수오지심(羞惡之心)
사양지심(辭讓之心)
시비지심(是非之心)의 네가지 단서를 통해 성선론(性善論)을 주장하고 있다.
즉 사람은 누구나 태어나면서부터 선한 본성과 그것에 근거한 선한 마음을 지니고 있다고 주장한 것이다.

해설

맹자는 '측은지심'의 발화의 예(例)로서 말한 '유자입정(儒子入井)'을 내세워 자신의 근본 사상인 성선론을 주장하고 있다. 즉, 어떤 사람이든 어린아이가 물에 빠지려는 상황을 목격한다면 측은하게 여기는 마음에서 어린아이를 위험에서 구하기 마련이라는 주장이다. 그것은 자신의 이해득실을 떠나 무의식적이고 본능적인 행위라는 것이다. 따라서 맹자는 사람들에게는 내면에 감춰진 타고난 선한 본성이 있다는 증거라고 말한다.

그러면서 그것이 선한 본성의 단서이자 싹이며, 누구에게나 있는 것이므로 중요한 것은 그 싹을 기르는 노력이라고 말하고 있다. 크게는 천하를 잘 다스리는 것에서부터 작게는 부모를 봉양하는 일까지 모든 것의 성패는 단서의 싹을 키우는데서 비롯되는 것이라고 주장한다.

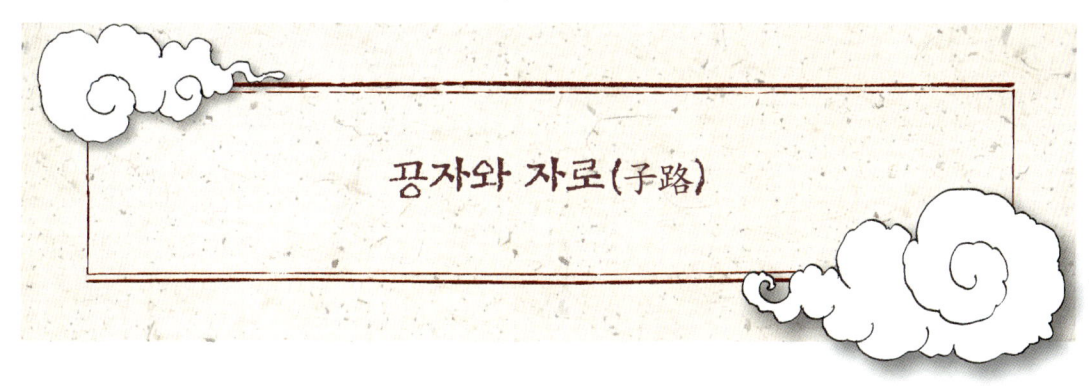

공자와 자로(子路)

이해 돋보기

① 자로(子路): 산동 출신으로 공자의 제자, 성격이 강직하고 용맹하여 공자로부터 총애를 받았다고 전해진다.

요순시대 : 요는 중국 전설상의 성천자(聖天子) 요와 그뒤를 이은 순을 아울러 '요순의 치(治)'라 하며, 중국에서 이 두 임금은 예로부터 가장 이상적인 천자상으로 알려져 왔다.

내용속 교훈

진정한 성현이 아니라면 행하기 어려운 위대한 실천이다. 다른 사람의 선한 일을 호탕하게 받아들일 수 있는 도량은 범인으로서는 감히 어려운 일이기에 위대한 것이다. 다른 사람의 행동이나 말이 옳다면, 사심없이 받아 들이려는 노력이 필요하다는 내용인 것이다.

공손추(하) 公孫丑

노잣돈과 뇌물

이해 돋보기

① 일(鎰) : 무게를 세는 단위로 1일은 20냥에 해당된다. 또는 24량의 단위로 세기도 한다.

내용속 교훈

누구든 정당한 이유없이 많은 돈을 주는 것은 무엇인가 보이지 않은 흑심(黑心)이 있기 때문이다. 때문에 군자는 그것을 뇌물로 판단해야 하고, 뇌물을 철저히 경계해야 한다.

정치가의 의식

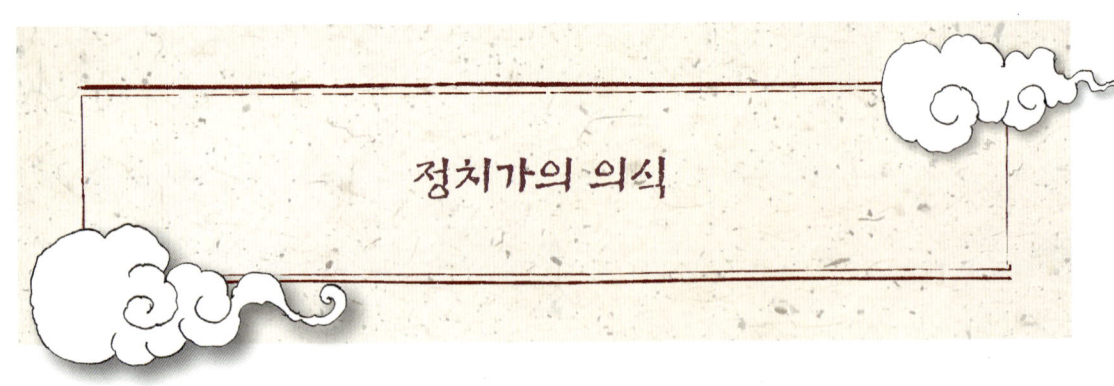

이해 돋보기
① 평륙(平陸) : 노나라 접경지역에 있는 곳으로, 지금의 산동성 문상현 북쪽지역이라고 한다.

내용속 교훈
백성들의 굶주림과 고통을 해결하지 못하고 지켜보고만 있었다면 현능한 지도자가 아니다. 따라서 그 자리를 보존하기 어려울 것이라는 경고의 메시지이다.

옛날의 군자와 오늘날의 군자

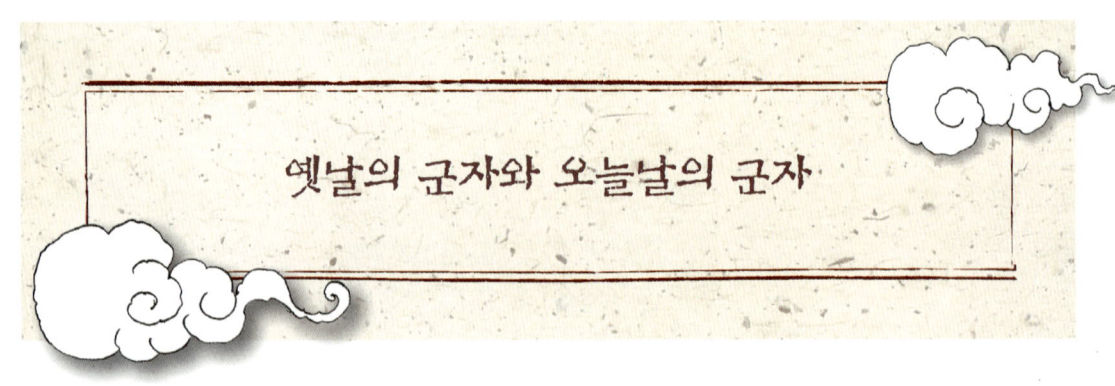

※ 이해 돋보기 ※

① 이 문장은 제선왕이 맹자의 충고를 따르지 않은 것을 후회하는 말이다(앞의 내용에 있음).
② 무왕은 은나라를 쳐서 천하를 얻은 후 아들 무경(武庚)에게 은나라를 감독하게 했고, 관숙(管叔)을 비롯한 형제들을 보내 은나라의 유민들을 다스리게 했다. 그런데 무왕이 죽은 후 어린 아들인 성왕(成王)이 제위에 오르자 주공이 섭정을 하였다. 그러자 관숙을 비롯한 주공의 형제들이 무경과 은나라 유민들을 부추겨 반란을 일으켰다.
③ 주공이 형인 관숙이 반란을 일으킬 것을 알면서 은나라 지역을 감독하게 한 것이라면 그 빌미를 만들어 형을 제거 하려 한 것이므로 어질지 못한 행동이었다고 지적하는 것이다.
④ 아우의 입장인 주공으로서는 형이 반란을 일으키리라고는 의심하지 않는 것은 당연하지 않느냐는 말이다.

※ 내용속 교훈 ※

제선왕의 입장을 세워 주기 위해 맹자를 우회적으로 떠보는 대부 진가는 맹자의 논리에 할말이 없어졌다. 게다가 오늘날의 군주는 자기 잘못을 계속 밀고 나가는 것은 물론이요, 정당화시키기 위한 꼼수와 변명을 일삼는 행태까지 보인다며 왕의 비겁함을 꼬집고 있다.

등문공 膝文公

올바른 부름에 움직여야 한다

사냥을 할 때 사냥터를 관리하는 자를 새 깃털이 달린 깃발①을 이용해 불렀는데

그가 오지 않자 죽이려 한 일이 있었다.

내가 부르는데 오질 않아?

공자는 이 사람을 칭찬하여 '뜻 있는 선비는 신념을 지키다가 죽임을 당할 수도 있음을 항상 잊지 않고,

용기 있는 선비는 전쟁터에서 목숨걸고 싸우다 자신의 머리가 베어질 수 있음을 잊지 않는다'②고 했다.

공자께서는 사냥터를 관리하는 자의 어떤점을 높이 샀겠느냐?

136 맹자, 인(仁) 의(義)로 세상을 지배하라

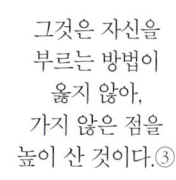

이해 돋보기

① 새의 깃털이 달린 깃발은 제후가 대부를 부를 때 사용하는 것이다.
② 사냥터 관리인의 행동을 칭찬한 내용은 《논어》「위령공」에 있다.
③ 제후가 사냥터 관리인을 부를 때는 가죽으로 된 관으로 신호를 보내 부르게 되어 있었다.
④ 사냥터 관리인과 같은 하찮은 직위에 있는 사람도 예에 어긋나는 방법으로 부르면 죽을 각오로 응하지 않았는데, 제후가 합당한 예를 갖추어 부르지도 않았는데 먼저 달려 갈 수 있느냐 하는 말이다.

내용 속 교훈

도에 어긋나는 일에 영합할 수 없으며, 예에 따르지 않으면 안된다. 그리고 자기 지조를 굽힌 자가 남을 바르게 인도 한 경우가 없으므로, 확고한 지조로 남이 나를 따르게 해야 한다.

참다운 대장부

경춘(景春)①이 말했다.

공손연(公孫衍)과 장의(張儀)②를 어찌 참다운 대장부라 아니 하겠습니까!

그들이 한 번 성을 내면 제후들이 두려워 하고,

그들이 가만 있으면 천하가 조용하니 말입니다.

흠~

이해 돋보기

① 경춘(景春) : 제후국들 간의 세력 다툼의 사이에서 다양한 연합의 합종연횡을 주선하는 일을 했다.
② 공손연(公孫衍)과 장의(張儀) : 위나라 출신으로 대표적인 종횡가의 인물이다.
③ 맹자에게 있어서 대장부란, 올바른 원칙을 실천하는 사람을 의미한다. 이런 맹자의 시각으로 볼 때, 당시 천하를 좌우하던 종횡가의 대표적 인물인 공손연과 장의는 임금의 마음을 거스르지 않는 범위 내에서 형세에 따라 능수능란하게 처세하여 눈앞의 이익만 추구하는 소인으로 비추어졌을 것이다.
④ 맹자가 말한 '천하의 넓은 집'은 '인'을 뜻하고, '천하의 올바른 자리'는 '예'를 뜻하고, '천하의 큰 길'은 '의'를 뜻한다.

내용 속 교훈

진정한 대장부란 자신의 안위와 행복보다는 백성들의 부귀와 평화를 추구한다. 그리고 올바르다고 생각하는 일에 있어, 어떤 위세와 무력에도 굴하지 않아야 한다.

이루 離婁

이루(離婁). 성은 공수(公輸)이고 이름은 반(般)이다.
춘추시대 노나라 태생으로 뛰어난 기술자로 알려져 내려온다.

자신을 돌이켜 생각하라

맹자가 말했다.

그 사람을 사랑하는데도 그가 나를 친하게 여기지 않으면

받아줘~

흥

맹자가 말했다

"사람들은 입버릇처럼 말하기를 모두들 '천하·국·가(天下·國·家)'라고 한다. 그러나 천하의 근본은 나라에 있고 나라의 근본은 가정에 있으며, 가정의 근본은 자기 자신에게 있다."

천하(天下)와 국가(國)와 가정(家)은 사람들이 자주 이야기하는 것이지만, 여기에도 순서가 있다는 것을 잘 알지 못하는 경우가 많다. 그러므로 맹자는 그 순서를 알기 쉽게 제시하였으며, 그 모든 근본이 바로 '자기 자신'에게 있음을 깨우치고 있다.

정치의 방법

정치를 하는 것은 그리 어렵지 않으니, 영향력 있는 가문을 힘으로 제압하다 죄를 짓지 않으면 된다. 자신을 닦아 영향력 있는 가문이 나를 마음으로 따르게 되면 한 나라가 모두 따라서 흠모하게 되며, 한 나라가 흠모하면 천하가 따라서 흠모하게 된다. 이로써 도도히 흐르는 덕교(德敎)가 온세상에 넘치게 되는 것이다.

내용속 교훈

모든 것이 내게서 발산되므로 그 결과도 자신이 노력한 만큼 얻을 수 있다는 말이다. 그리고 그 결과에 따라 자신을 뒤돌아보고, 반성할 것이 있으면 반성하여 실수를 줄여갈 것을 주문하고 있다.

원인은 안에서부터

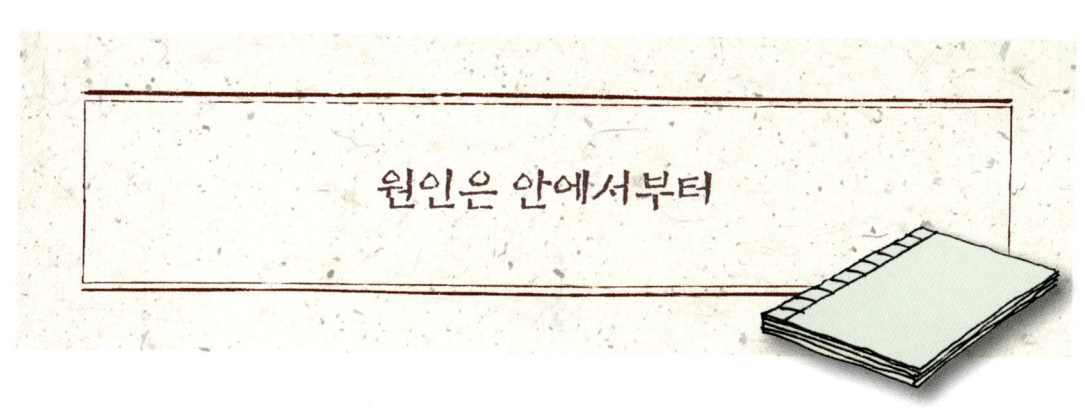

이해 돋보기

① 같은 장소의 같은 물인데 어느 때는 머리에 쓰는 소중한 갓끈을 씻고 어느 때는 발을 씻기도 하는 것은, 그 물이 맑고 흐림에 달려 있는 것처럼, 사람이 다른 사람으로부터 어떤 대접을 받는가는 모두 자기 자신에게 달려 있다는 뜻이다.

내용 속 교훈

하늘이 만든 재앙보다 자신 스스로 만든 재앙이 자신을 더 크게 망친다.

맹자가 말했다

"사람들이 말을 쉽게 하는 것은 책임을 지지 않기 때문이다."

"사람들의 폐단은 남의 스승이 되기를 좋아하는데 있다."

"임금이 죄없는 선비를 죽인다면 대신은 임금 곁을 떠나게 될 것이며, 임금이 죄없는 백성을 죽인다면 선비는 다른 나라로 가게 될 것이다."

"임금이 어질면 어질지 않은 사람이 없고, 임금이 의로우면 의롭지 않은 사람이 없다."

"예가 아닌 예의, 의가 아닌 의로움을 대인은 행하지 않는다."

"남의 착하지 않은 점을 말하다가 그 후환을 어떻게 하겠는가."

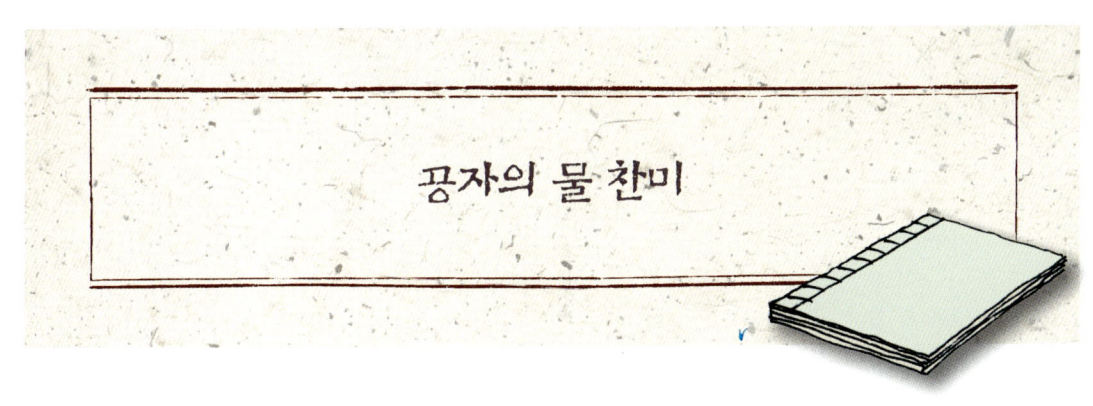

공자의 물 찬미

어느날 서자(徐子)①가 물었다.
"공자께선"
"…음…"

"자주 물을 찬미해 말하기를 '물이여, 물이여' 했는데"

"그것은 물의 어떤 점을 높이 산 것입니까?"

"그것은 콸콸 솟는 샘을 근원으로 하는 물은 밤낮을 끊이지 않고 흘러 웅덩이를 채우고"

◈ 이해 돋보기 ◈
① 서자(徐子) : 맹자의 제자 서벽(徐辟)이다.

◈ 내용속 교훈 ◈
샘은 그 물이 끊임없이 솟아올라 웅덩이를 채우고, 결국 큰 바다로 흘러 들어간다. 반면에 근원이 없는 빗물인 경우, 비가 그치면 금방 말라버린다. 군자는 실제로 올바른 행적을 남겨서 사방으로 끊임없이 흘러넘치는 명성을 얻어야 한다. 빗물처럼 근원없는 일시적인 인기와 명성은 경계해야 하는 것이다.

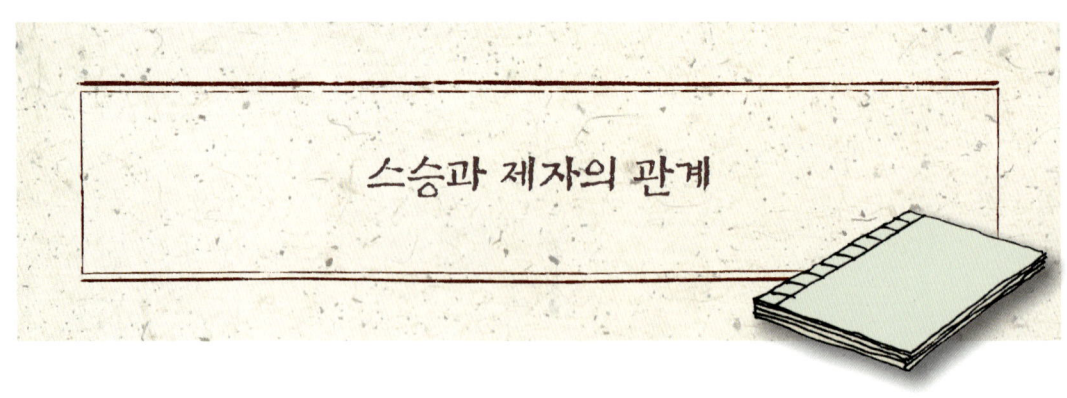

스승과 제자의 관계

이해 돋보기
① 방몽(逄蒙) : 예(羿)의 제자이자 부하였다. 후일에 반란을 일으켜 예를 살해했다.
② 예(羿) : 하(夏)나라 때의 유궁국(有窮國)의 임금으로 활솜씨가 매우 뛰어났다.

내용속 교훈
벗이란 신중하게 선택하지 않으면 안된다. 예는 사람의 됨됨이를 잘못 판단하여 자기가 가르친 제자에게 도리어 해를 당했으니, 당연히 예 자신에게도 잘못이 있다는 내용이다.

아내와 첩까지 속인 허세

해설

아내와 첩이 모든 사실을 알고 있었는데 남편은 그런 줄도 모르고 밖에서 들어와 제법 교만하게 굴었다. 이런 남편이라면 아내와 첩이 부끄럽게 여기지 않고, 서로 손을 마주잡고 울지 않을 사람이 드물 것이다. 군자의 눈으로 볼 때는 사람들이 부귀와 영달을 구하는 행위가 이 남편과 조금도 다를 바 없는 것이다.

내용 속 교훈

우리는 주변 사람들에게 자신의 이야기를 있는 그대로 털어 놓는가? 과연 가까운 주변 사람으로부터 마음에서 우러나오는 존경을 받고 있는가?

만장장구 萬章章句

만장은 맹자의 제자 중에서 가장 나이가 많은 제자였다.
특히 만장은 역사에 정통하여 맹자와 역사와 설화에 관한 이야기를 많이 나누었다.

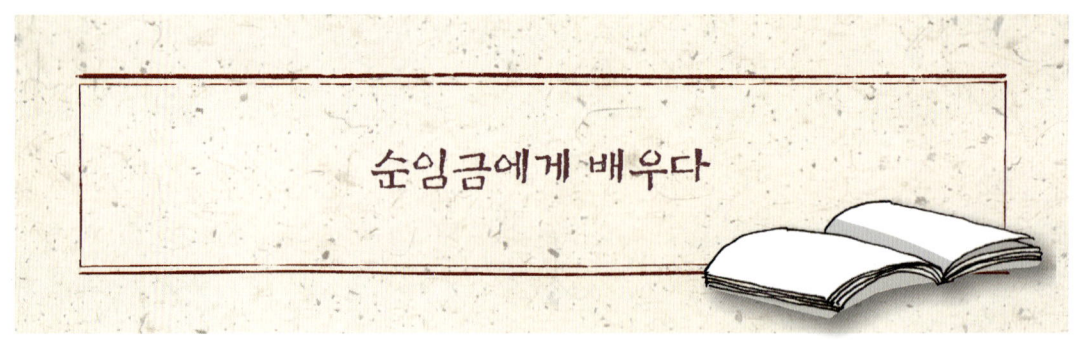

순임금에게 배우다

제자 만장(萬章)이 물었다.

순임금께서 왕위에 오르기 전에 밭에 나가서 하늘을 부르면서

소리내어 울었답니다. 왜 그랬을까요?

부모님에 대한 원망과 사모의 마음 때문이었지

내용속 교훈

천하의 그 무엇으로도 순임금의 근심을 풀어 줄 수 없다. 다만 부모의 사랑만이 모든 근심을 풀어 줄 수 있는 근원이다. 순(舜)의 대효(大孝)를 은유적 언설로 표현한 감동적인 내용이다.

군주가 군자를 양성하는 방법

내용속 교훈

군자가 군주를 대하는 예가 있듯이 군주도 군자를 도리로써 대해 줘야 한다.
또한 군주가 참으로 백성을 위할 줄 아는 인재를 발탁해서 과감하게 왕권을 물려주는 내용은 선(善)한 정치의 순수한 결정체를 보는 것과 같아서 우리에게 은은한 감동을 준다. 군주가 현인을 예우하는 방법은 다름아닌, 발탁하여 사회에 봉사할 수 있는 기회를 부여하는 것에 있다. 그리해야 왕도정치를 실현하여 백성들의 삶이 변화하고 발전할 수 있는 것이다.

옛 사람을 벗으로 삼다

내용속 교훈

온고지신(溫故知新). 즉, 옛것을 익히고 그것을 미루어 새것을 안다는 의미를 가르쳐 준다.

예나 지금이나 '벗을 사귄다'는 것은 인간과 인간이 서로의 가치를 발견할 수 있는 가장 좋은 방법일 것이다. 바른 사람과 벗이 되어 그 내면의 주옥같은 사상과 의식을 깊이있게 알아간다면 한편의 좋은 책을 읽은 것과 같이 큰 가르침과 깨달음을 얻을 수 있을 것이다.

한편, 시를 읊고 서를 외우면서도 그 시와 서를 쓴 사람을 알지 못한다면, 그 사람의 작품을 진정으로 이해했다고 말할수 없을 것이다.

친척인 경과 타인인 경의 차이

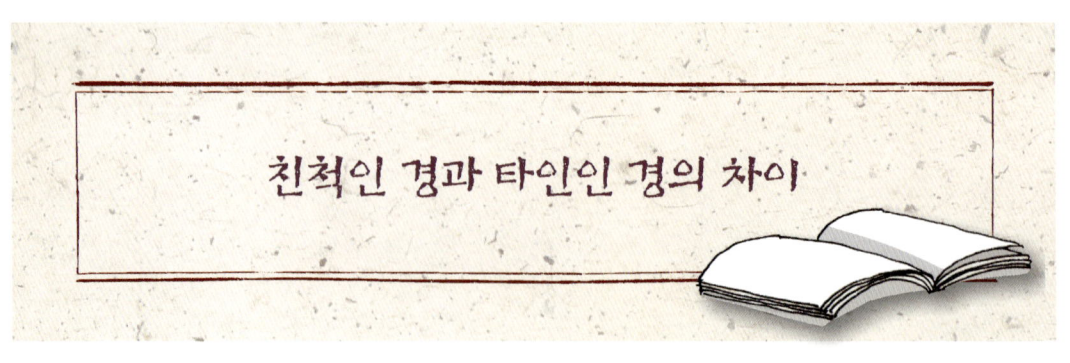

내용 속 교훈

군주는 귀를 활짝 열고 항상 바른 말을 받아들일 준비를 하고 있어야 한다. 그렇지 않고 독단적인 정리를 행할 경우, 왕위를 박탈당하거나 아첨만 하는 신하만 궁중에 남아 나라의 존망이 위태로워질 것이다. 두 경우 모두 군주 자신이 위험해지는 상황인 것이다. 그러므로 군주는 바른 말을 수용하는 자세로 스스로를 지켜야 한다.

고자장구 告子章句

고자(告子)는 맹자와 같은 시대의 인물로, 사람의 본성에는 선도 악도 없다는 '성무선무악설(性無善無惡說)'을 주장하여 사람의 본성은 선하다는 맹자의 성선설(性善說)에 맞선 주장으로 변설하였다.

인간의 본성

고자와 맹자가 만났다.

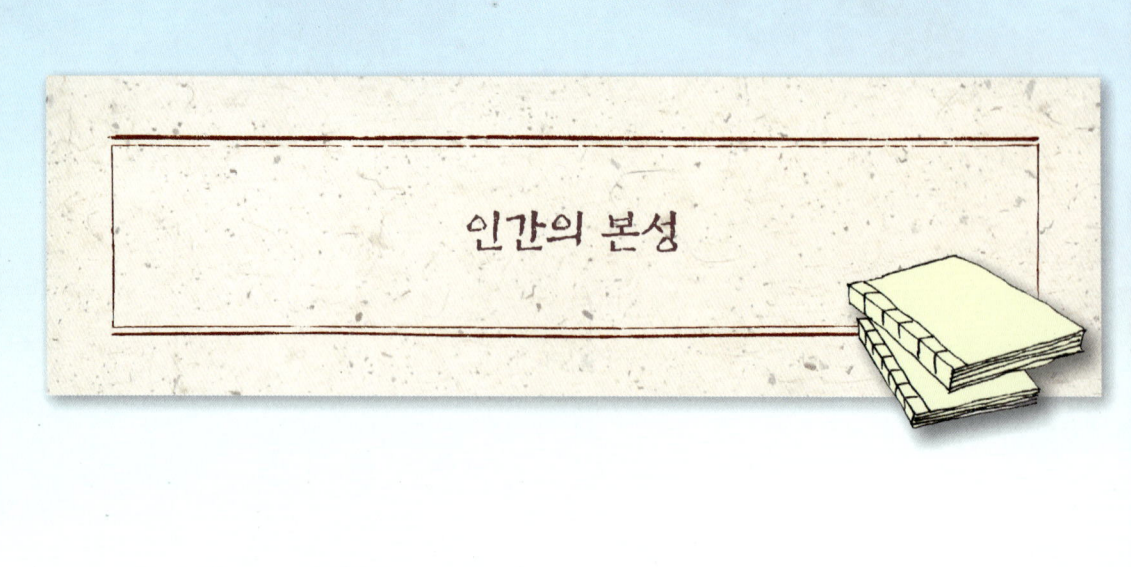

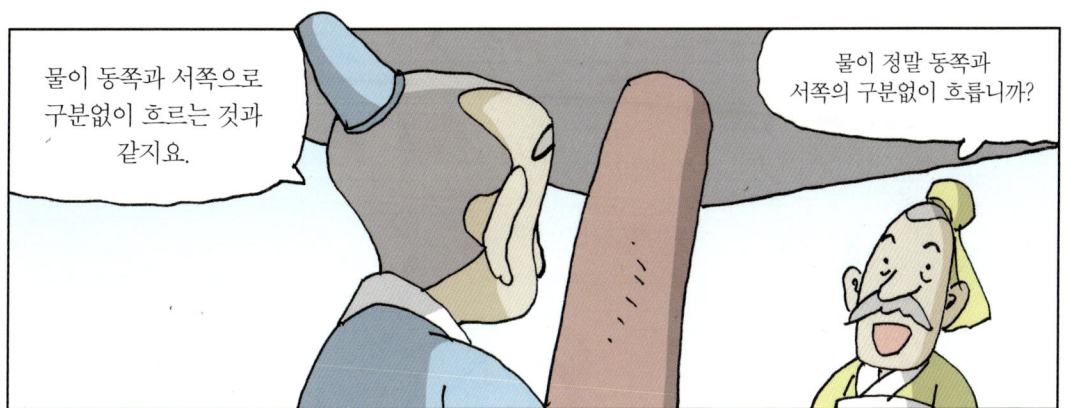

이해 돋보기

고자는 인간의 본성에는 선과 불선이 존재하지 않는다는 것을 동서로 흐르는 물에 비유하여 주장하고 있다. 즉, 물 자체에 정해진 성향이 있을 수 없고, 밖에서 주어지는 길에 의해 물길이 정해진다는 의미이다.

해설

고자는 사람이 인의(仁義)와 같은 도덕적 행위를 하는 것은 본성이 착해서가 아니고, 후천적으로 가해지는 인위적 교화를 통해 얻어진 결과라고 주장한다.

맹자는 고자의 주장에 대해 물 자체에 아래로 흐르는 성질이 내재되어 있듯이 사람의 본성 자체에도 선의 경향성이 내재되어 있으므로, 사람이 도덕적 행위를 하는 것은 그러한 본성에 의한 자연스런 발현이라고 반박하고 있다.

대인과 소인

이해 돋보기

① 공도자(公都子). 맹자의 제자이다.
② 몸의 중요한 부분이란 마음을 의미하고, 하찮은 부분이란 눈과 귀와 이목(耳目)과 같은 인체의 감각기관을 의미한다.

내용속 교훈

자신을 움직이는 마음을 먼저 확고하게 정립하여야 한다. 이렇게 한 후에야, 듣고 보는 것에 현혹되지 않는다는 이야기이다. 그래야 대인이라 할 수 있고, 그렇지 않으면 소인이라는 것이다.

배고픔과 예(禮)

🕮 이해 돋보기 🕮
① 친영(親迎): 혼인을 할 때 지켜야 하는 여섯가지 예(禮) 중의 하나로, 신랑이 신부의 집에 가서 식을 올리고 신부를 맞아오는 것이다.

🕮 내용속 교훈 🕮
어떤 상황에서든 예를 소홀히 해서는 안된다는 이야기이다.

선을 좋아하는 사람

📜 내용속 교훈 📜

선은 천리밖 사람들을 끌어들이고, 오만과 자만은 사람들을 천리 밖으로 몰아낸다.
"선을 좋아한다면 천하를 다스리고도 남는다"고 하였다. 이것은 악정자라는 사람에 대해 익히 잘알고 있는 맹자의 자신감이 느껴지는 대목이기도 하다.

진심 盡心

「진심」편은 형이상학적으로 심오한 정신세계를 다루고 있다고 봐야 할 것이다.
즉, 맹자의 어록 모음집 이기도 하다.

하늘을 섬기는 길

자신의 마음을 다하는 자는

자기 본래의 본성을 알게 된다.

자신의 본성을 이해하면 하늘을 알게 된다.

자신의 마음을 보존하여 자신의 본성을 키워가는 것이 하늘을 섬기는 것이다.

사람이 태어나서 일찍 죽고 오래 사는 것에 개의치 않고 자신의 몸을 닦아서 명을 기다리는 것이 천명에 순응하는 것이다.

이해 돋보기

근본적으로 인간은 하늘과 본질적으로 동일한 존재이며, 인간에게 내재되어 있는 도덕적 본성은 하늘로부터 부여받은 것이라고 하였다.
자신의 선한 본성을 길러 하늘을 섬기고 몸을 닦는 것은, 곧 천명을 보전하는 것이다.

내용 속 교훈

자신의 몸을 닦아 선한 본성을 기르고, 이로써 천명을 기다려 순응하라.

바른 천명

어느 것이든 천명이 아닌 것이 없지만

올바른 천명을 순리대로 받아들여야 한다.

그러므로 천명을 아는 사람은 위태로운 담장 밑에 서있지 않는다.

천도(天道)를 다하고 죽는 것은 올바른 천명이오,

죄지어 죽는 것은 천명을 그릇되게 한 자이다.

자족의 삶

내용속 교훈
선비는 곤궁할 때나 출세하여 영달을 누릴 때라도, 도(道)와 의를 벗어나지 않으면 스스로 만족하는 삶을 살 수 있다.

군자의 즐거움

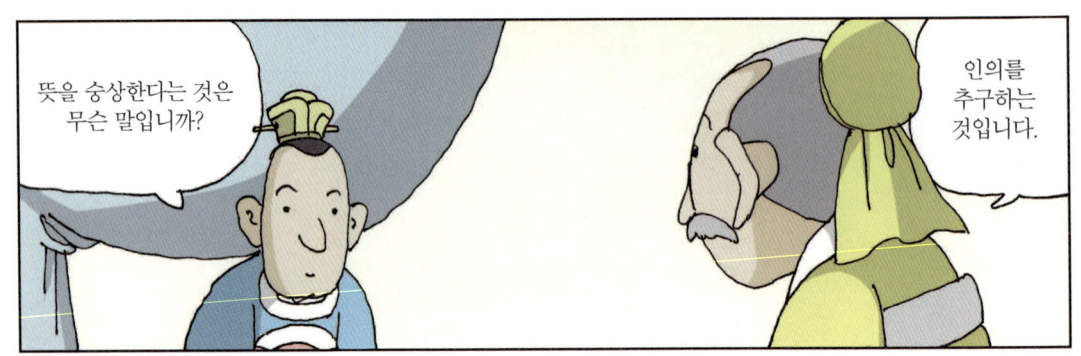

내용속 교훈
죄없는 사람을 한 사람이라도 죽이거나, 자기 것이 아닌 것을 빼앗아 취하는 것은 군자의 행동이 아니다. 인과 의를 행하는 군자만이 대인으로서 더 큰 일을 할 수 있는 준비가 된 것이다.

내용속 교훈

사회의 법과 사적인 규범인 인륜을 지킬 의무가 상충할 때, 선택의 방향을 제시하고 있다. 유가에서는 인륜을 중시하지만 사회의 규범을 지켜야 한다는 양면성을 인정한다.
순임금은 인륜의 효를 우선으로 생각했을 것이라는 맹자의 말은 유가사상의 가장 빛나는 대목이다.

예의 형식

사람을 대함에 있어 먹여 주기만 하고
사랑하지 않는다면 짐승으로 대하는 것이오.
사랑하지만 공경하는 마음이 없으면
짐승을 기르는 것과 같다.
공경하는 마음은 예물을 보내기 전에 이미
갖추어져 있어야 하는 것이다.
공경하는 척 하지만 참된 마음이 없는 경우
군자는 헛된 예에 얽매이지 않아야 한다.

교육의 다섯가지

군자가 교육하는 방법에는 다섯가지가 있다.
   때 맞추어 내리는 비처럼 만물을 감화시키는 법
   덕성을 완성시키는 법
   재능을 함양하는 법
   의문에 답을 주는 법
   선인의 덕을 사모하여 스스로 학습하는 법
이 다섯가지가 군자가 사람을 교육하는 법이다.

과불급의 문제

그만 두어서는 안되는 경우인데도 그만두는 사람은
모든 일에 끝을 보지 못한다.
정성껏 해야 할 자리에 별로 힘을 쓰지 않는 사람은
무슨 일이고 성의가 없다.
성급하게 앞으로 나아가는 사람은
물러나는 데도 성급하다.

군자가 해야 하는 일

군자는 만물을 사랑하나 백성에게 하듯 인(仁)으로 대하지 않는다.
백성에게 인으로 대하지만 부모대하듯 친밀하지는 않는다.
부모에게 친밀히 대하고서 백성에게 인으로 대하고,
백성에게 인으로 대하고서 사물에 애정을 쏟는 것이다.

정벌은 바로잡는 것이다

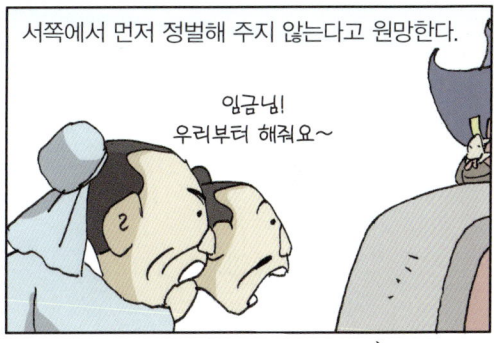

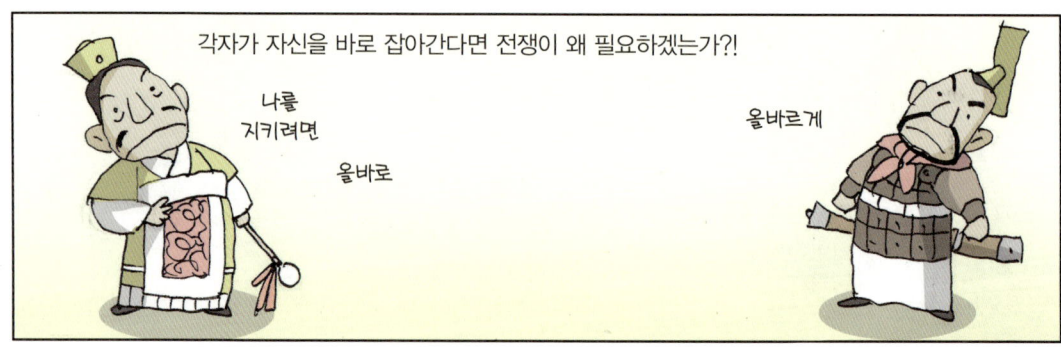

내용속 교훈

인자무적(仁者無敵)은 그 어떤 물리적인 힘보다도 강력한 사랑의 힘으로 만백성이 스스로 저 깊은 마음으로부터 임금을 섬기게 된다는 뜻이다. 정벌은 자신 스스로를 다잡아 바로 잡는다면, 감히 그 누구도 정벌의 명목으로 나를 침략할 수 없다는 의미를 담고 있다.

목수가 수레 바퀴를 만드는 최고의 기술자라도 후학들에게 콤파스와 곡척의 원칙을 가르쳐 줄 수는 있으나, 후학들로 하여금 명인의 기술자가 되게 할 수는 없다.

살인은 살인을 낳는다

나는 이제야 남의 아버지를 죽이는 것이
얼마나 큰 일인가를 알았다.
남의 아버지를 죽이면,
그도 역시 이쪽의 아버지를 죽일 것이다.
남의 형을 죽이면,
그도 역시 이쪽의 형을 죽일 것이다.
그렇게 되면,
자기 손으로 아버지와 형을 죽이는 것과 다름 없음이다.

도의 실행

자신이 도(道)를 행하지 않으면
처자식들에게도 도가 행해지지 않는다.
사람을 바른 도리(道)로 부리지 않으면
처자식들에게도 명령이 행해지지 않는다.

선(善)과 신(信)

호생불해(浩生不害)가 물었다.

"악정자는 어떤 사람입니까?"

"선하고 신의가 있는 사람이다."

"무엇을 선하다고 하고"

"무엇을 신의가 있다고 하는 것입니까?"

"사람들이 좋아해 따르면 그것을 선하다고 하고(善人)"

내용속 교훈

인간은 내면의 자기 발전을 통해 평범한 사람에서 선인(善人), 신인(信人), 미인(美人), 대인(大人), 성인(聖人), 신인(神人)으로 그 발전 단계가 있다는 것이다. 선인만 되어도 천하를 다스릴 수 있는 군주가 될 수 있다. 그것은 아마도 군주가 갖춰야 하는 최소한의 덕성일 것이다.

🗝 이해 돋보기 🗝

① 증자는 공자의 제자로 효성이 지극했던 인물이다. 아버지 증석이 생전에 검은 대추를 좋아하여, 아버지가 죽은 후에는 검은 대추를 차마 먹지 못했다고 한다.

② 옛날의 예에 따르면 윗사람을 비롯한 스승이나 아버지와 같은 이의 이름은 함부로 부르지 않았던 것이다.

🗝 내용속 교훈 🗝

윗사람을 공경하고 효로써 부모를 대하는 예(禮)를 불고기와 검은 대추, 그리고 성과 이름으로 비교하여 설명하였다. 아버지가 좋아했던 음식을 함부로 먹지 못하는 효심, 스승이나 윗사람의 이름을 함부로 부르지 못하는 예와 같다.

맹자의 출생과 사상

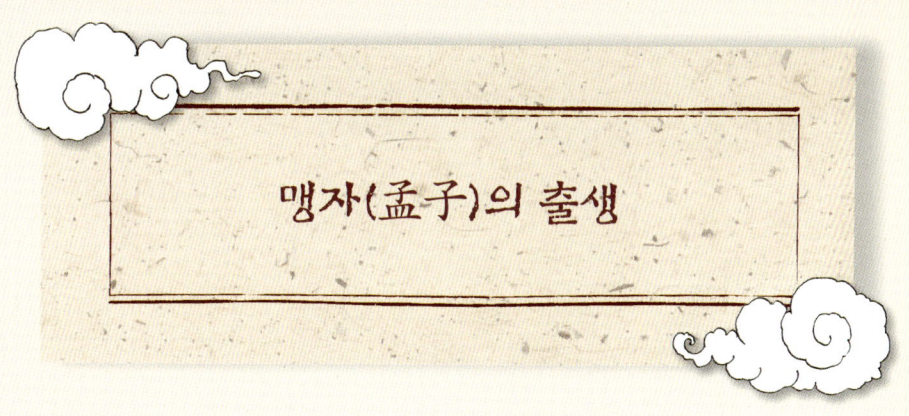

맹자(孟子)의 출생

맹자는 전국시대(기원전 403년~221년)에 살았던 것으로 알려지고 있다. 그의 고향에 대해서는 여러 가지 설들이 있다.

《사기》에서는 '맹자는 추나라 사람이다'라고 기록되어 있고, 「맹자장구」를 썼던 조기(趙岐) 역시 '맹자는 추나라 사람이다'라고 기록했다.

그러나 《맹자》「공손추하」에서는 맹자가 모친상을 제나라에서 객경의 벼슬하던 때에 노나라로 돌아가 장례를 치렀다는 내용이 나온다. 이런 이유로 맹자의 고국은 노나라이고 살았던 곳이 추나라라는 설 등이 있다.

이렇듯 맹자는 고향은 물론 태생의 정확한 연도를 알수 없다. 그러나 여러 가지 기록들을 통해 유추해석한 내용으로는 기원전 385년 전후에 태어나서 기원전 304년 전후까지 생존한 것으로 추측된다.

맹자의 출신도 그러하지만 부모에 대해서도 알려진 사실이 없다. 일찌이 부친을 여의고 어머니의 삼천지교(三遷之敎)를 받았다고 조기는 기록하고 있으나, 《맹자》「양혜왕하」에서 맹자가 모친상을 부친상보다 화려하게 치렀다는 논란에 휩싸였을 때 악정자가 변호했던 일화로 살펴보면, 어려서 부친을 잃었다는 것도 사실이 아닌 것 같다.

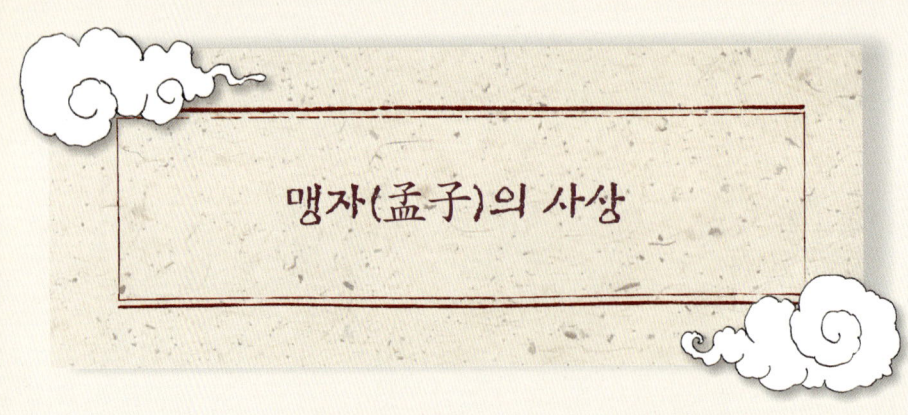
맹자(孟子)의 사상

맹자의 사상은 성선설(性善說)과 왕도론(王道論)으로 크게 양분 할 수 있다.

성선설이란 측은지심(惻隱之心), 측은하게 여기는 마음
　　　　　수오지심(羞惡之心), 부끄러워하는 마음
　　　　　사양지심(辭讓之心), 사양할 줄 아는 마음
　　　　　시비지심(是非之心), 옳고 그름을 가릴 줄 아는 마음
이 사단(四端)을 잘 가꾸어 인(仁), 의(義), 예(禮), 지(智)의 네 가지 성품을 충실히 채워나간다면 개인적으로는 하늘이 부여한 품성을 온전히 발현할 수 있는 것이며, 사회적으로는 나라를 건강하게 이끌 인재가 되어 백성들의 질 좋은 삶의 실현에 기여할 수 있다는 것이다.

맹자의 정치론은 왕도 정치이다. 왕도 정치란 애민사상(愛民思想), 민본주의(民本主義), 천명사상(天命思想), 혁명사상(革命思想) 등이 모두 집약되었다고 할 수 있을 것이다.

왕도 정치란 인의(仁義)로 백성들이 스스로 따르게 하는 정치이다. 이와 같은 왕도 정치에 반하는 정치를 패도(覇道)라고 한다. 패도란 인(仁)의 이름을 빌려 무력과 횡포로 백성들을 복종하게 하는 정치를 말한다. 맹자는

제후들을 찾아다니며 자신의 왕도 정치를 실현하기 위해 나름대로 노력하였다. 그러나 여러 나라를 상대로 자신이 힘을 쏟았던 왕도 정치의 실현이 쉽지 않음을 느끼고 오랜 유세의 생활을 접고 추나라로 돌아가 글을 쓰기 시작했던 것이다. 맹자 7편은 모두 261장 34,685자로 써져 있다. 앞의 6편은 첫머리에 나오는 인물의 이름을 편명으로 썼다. 진심편은 인물의 이름이 아니다.

이 책의 내용 속에 '항산(恒産)이 없으면 항심(恒心)도 없다'는 말이 나온다. 이 말은 백성들의 생활이 안정되어야만 백성들이 선하게 되고 나라가 잘 다스려지며, 그렇게 하면 천하를 얻을 수 있다는 것이 맹자의 주장이다.

이러한 인성론과 함께 맹자는 자신만의 정치론을 완성한다. 바로 민중의 입장에서 현실을 바라보고, 민생을 구원하며, 도덕심의 회복을 통해 민중의 호응을 얻은 왕권이 천하를 통일할 수 있다는 것이 그것이다. 그 당시 많은 백가들이 왕과 기득권층의 입장에서 천하 통일을 바라보았던 현실에 비추어 볼 때, 맹자의 정치론은 상당히 앞서나갔다고 할 수 있다.

맹자의 정치론을 차분히 살펴보자. "……亦有仁義而已矣"는 맹자 첫 장에서 양혜왕과 만나서 내뱉은 첫 마디이다. 양혜왕은 천하통일의 패업을 이룰 수 있는 방도를 얻고 싶어 넌지시 이렇게 물었다. "어떻게 하면 나라가 이롭겠습니까?" 그러자 맹자는 "어찌 이익을 말하십니까? 역시 仁義가 있을 뿐입니다"하고 답하였다. 양혜왕은 이해하지 못했지만 이 한마디로 맹자는 자신의 정치론과 천하통일의 방법을 모두 말하였다고 할 수 있다. 바로 仁과 義 이 두 가지가 맹자가 생각하는 천하 통일의 키워드이기 때문이다.

먼저 仁을 살펴보자. 맹자가 천하통일을 위한 가장 첫 단계로 생각한 것은 우선적으로 지배계층의 仁의 회복과 실천이었다. 이는 타인을 이해하는 마음, 더 나아가 민중의 삶과 그 고통을 이해하고 도우려는 마음으로 발전한다. 이러한 仁의 마음이 더욱 나아가면 지배계층은 '如民同樂'의 마음을 갖게 된다. 즉, 자신의 삶과 민중의 삶을 동일시하게 되는 것이다. 이러한 경지에 이르면 지배계층은 자신만이 누리던 특권을 백성들과 함께 하려

　노력하게 된다. 仁의 실천을 통해 안정된 가정생활과 경제·문화적인 풍요로움을 나라의 모든 사람이 함께 누리게 되면 민중은 마음으로부터 통치자에게 복종하고, 점점 많은 민중들이 함께 이를 누리기 위해 모여들 것이며 이로써 천하는 자연스레 통일을 이루게 되는 것이다. 그러하기에 仁이라는 개념은 현실에 적용하기엔 얼핏 추상적이며 쓸모없어 보일지라도 실질적으로 천하 통일의 가장 중요한 열쇠이자 출발점이라 할 수 있다.

　맹자는 仁을 강조하면서 여기에 '義'의 개념을 역설하고 있다. 맹자는 "仁, 人心也. 義, 人路也"라고 하였다. "仁은 사람의 마음이고, 義는 사람의 길이다"로 해석할 수 있는데 이를 통해 볼 때, 맹자는 仁의 마음을 도덕적인 방법으로 실현해야 한다는 믿음을 가졌다고 볼 수 있다. 백성을 돕는다는 명목으로 질서를 어기고, 도덕적이지 못한 방법을 자행한다면 나라의 질서가 흔들리게 될 것이다. 질서 없는 공동체는 아무리 작은 규모라도 오래 지탱하기 어렵다. 하물며 나라는 어떨 것인가. 통치자의 '仁한 마음을 義로운 방법으로 실천하는 것'이 맹자가 생각하는 정치론의 핵심일 것이다.

　맹자의 이러한 정치론은 과연 고루한 것인가? 현대를 사는 우리에게 맹자의 정치론이 이렇게 와 닿는 것은, 민주주의 정치제도 속에서도 지도자의 개인적 역량이 얼마나 중요한지 우리 또한 삶속에서 느끼고 있기 때문일 것이다. 대선이 다가오면서 언론에서는 연일 이와 관련된 뉴스를 내보

내고 있으나, 정작 대통령 후보자가 얼마나 국민을 생각하고 있는지, 그 실천 방법이 어떠한지, 어떤 공약을 내세우고 있으며, 국정 운영에 무엇을 가장 중시하는 지 등에 대해서는 별 말이 없다. 우리에게 중요한 것은 바로 그러한 것임에도 불구하고 말이다.

맹자의 시대에는 국민이 정치에 전혀 관여할 수 없었다. 그저 왕의 타고난 심성에 의존해야 했던 것이다. 그래서 맹자는 스스로 왕의 고문이 되고 싶어 했다. 왕을 제도적으로 바꾸기가 어려우니, 왕의 마음을 바꾸기 위해서였다. 맹자가 종종 언급했던 '혁명'이라는 말 또한 협박(?)하여 왕의 정신을 번쩍 들게 하고자 했던 고육책에 가까웠다. 그러나 지금 우리에게는 선택권이 있다. 진정 국민을 위하는 마음을 가지고 있는 사람이 누구인가. 국민의 어려운 삶과 그 고통을 이해하고 삶의 즐거움을 함께 하기위해 애쓰는 사람이 누구인가. 철저한 검증을 통해 우리 손으로 제대로 된 지도자를 선출할 수 있는 기회가 있다. 맹자가 절실히 바라고 있었으나 얻지 못했던 그 힘을, 지금 우리는 아무렇지도 않게 누리고 있다는 사실을 결코 잊어서는 안 된다. 그러므로 우리는 깨달아야 한다. 맹자의 시대에는 잘못된 정치를 지배층의 탓으로 돌릴 수 있었으나, 지금의 잘못된 정치는 바로 우리로부터 비롯된다는 사실을 말이다. 이처럼 맹자의 사상은 仁과 義로 세상을 지배하는 '왕도론'인 것이다.

만화 **맹자,** 인仁 의義로 세상을 지배하라

초 판 1쇄 2012년 12월 14일

글·그림 조득필
펴낸이 성철환　**담당PD** 유철진　**펴낸곳** 매경출판(주)
등　록 2003년 4월 24일(No. 2-3759)
주　소 우)100-728 서울 중구 필동1가 30번지 매경미디어센터 9층
홈페이지 www.mkbook.co.kr
전　화 02)2000-2647(사업팀) 02)2000-2636(마케팅팀)
팩　스 02)2000-2609　**이메일** yyt6896@naver.com
인쇄·제본 (주)M-print 031)8071-0961

ISBN 978-89-7442-892-1
값 12,000원